资管
杨峻——著
管
新时代

投资者适当性理论与实践

格致出版社　上海人民出版社

序　一

投资者保护是现代金融发展与稳定的重要内容,也是衡量一个金融市场是否健全成熟的重要标志。与国外发达市场以机构投资者为主不同,中国金融市场中个人投资者数量多、占比大,不同的投资者个体对金融产品的理解及其风险承受能力存在很大差异。而金融市场瞬息万变,产品结构日趋复杂,个人投资者在面对带有强烈销售冲动的金融机构时,往往因信息不对称而处于弱势地位。在成熟的金融市场,投资者既不能裸身于寒风之中,也不能把政府信用作为最终靠山。在这种背景下,如何有效落实投资者保护显得尤为重要。

随着行业纲领性文件《关于规范金融机构资产管理业务的指导意见》的正式颁布,国内资管行业势必回归"受人之托,代客理财"的本源。在这个过程中,无论是资管机构还是个人投资者,都将面临新的考验。对于银行而言,过往的理财产品在隐性刚兑的"加持"下发展迅猛,成为资管市场规模最为庞大的主力军。但随着产品净值化转型及打破刚兑进程的不断提速,银行理财如何更全面地了解客户真实需求,更精准地评估客户风险承受能力,从而实现"将合适的产品卖给合适的人",打造自身差异化竞争优势,是银行业的一大崭新课题。

和国外拥有发达金融市场的国家相比,我国的投资者适当性管理起步较晚且做得不够。其中一个重要原因就是依赖传统手段效率过低、成本过高，与金融机构的盈利性相冲突，且彼时必要性也不够迫切，故在实施过程中往往流于形式，未起到有效保护投资者的作用。诸多金融与科技融合的案例表明，利用科技手段可不断提升金融运行效率、降低金融运行成本，使得解决这些问题成为可能。

我和杨峻曾在浦发银行共事多年。多年来他不仅在工作中时刻秉持全力以赴、精益求精的态度，更令人欣慰的是，他在专业研究上一直保有旺盛的钻研热情。很高兴杨峻能够在不断实践中，对投资者适当性这一资管行业的"基础设施工程"进行深入研究和思考，致力于通过金融科技解决投资者适当性管理中的一些痛点。

此书融国外实证与国内现状于一体，集自身实践与理论体系于一身，难能可贵。希望更多的金融从业者从书中得到参考和启发，参与到金融与科技的融合发展中来，积极、稳妥、有序地开展科技驱动的金融创新，助力我国从世界金融大国向世界金融强国转变！

刘信义

2018 年 6 月 2 日

序　二

2018 年 4 月底,在数个月的征求意见后,"资管新规"即《关于规范金融机构资产管理业务的指导意见》终于正式出炉,不仅在当下引起了金融市场的剧烈反响,相信在不久的将来回过头看也将是对中国金融行业秩序影响极其深远的一次重大变革。"资管新规"旨在打破隐性刚兑,引导资管行业回归本源,一方面在资产端确定了诸多规则,另一方面在销售端则着重笔墨强调了加强投资者适当性管理,即要求金融机构坚持"了解产品(KYP)"和"了解客户(KYC)",向投资者销售与其风险识别能力和风险承担能力相适应的资产管理产品。这些要求实际上总结了人类社会财富管理行业发展许久以来的经验与教训,也是中国随着习近平总书记提出"把握人民对美好生活的向往",进入全面建设小康社会时期后,必需的"基础设施建设"。

回溯全球金融行业发展历程,我们不难发现一个有规律的过程——市场从不规范走向规范,产品从非标走向标准化,投资者从不成熟走向成熟,而此时的中国亦面临着这样一个转折点。中国进入小康社会,居民财富倍增,对财富管理的需求前所未有地旺盛,但投资者本身却是不成熟的,市场亦是不规范的。特别是前几年,由于各种主客观原因,市场中出现了一些乱象,包括"互联网金融"引发的质疑与争议。到底互联网等新技术帮助金融业解决了什么问题,我们又该如何去应用它,前几年大家思考得比较少。但我很高兴看到，尽管市场纷繁杂乱，监管者却是清醒的，所以才有了"资管新规"的出台，重塑行业价值观，指明了行业未来的发展方向；真正的从业者也是清醒的，比如杨峻，他们一直在主动思考、积极探索，在尊重金融客观规律的基础上探讨金融创新。

技术的进步并未改变金融的本质，互联网只是一种技术手段。在特殊的时代背景和技术进步的大趋势下，将移动互联、大数据、人工智能等新技术和金融的内在逻辑结合起来，以科技创新带动金融服务模式创新，让金融服务跨越时空和区域，高效率、低成本地触及更广泛人群，更有助于实现"普惠金融"的社会责任。在此基础上，进一步建立科学有效的投资者适当性管理体系，更客观、全面地"了解客户""了解产品"，更精准、智能地匹配客户与产品，同时防范道德风险、操作风险，保证交易一致性，有助于切实保护投资者利益。只有将投资者与销售机构放在公平的位置上，才有可能真正实现"买者自负，卖者尽责"。可以说，这是市场走向规范、投资者走向成熟的必经过程。

本书围绕投资者适当性管理这一财富管理领域永恒的命题，有理论有实践，为投资者适当性管理的未来发展做了大胆假设，为市场的成熟抛砖引玉，是有益的尝试。

行业未来的方向已然明晰，但如何真正落地，这个逐步实践的过程要靠清醒的从业者们去不断探索，并日臻完善。我们既要立足于理论基础和客观现状，尊重金融的本质规律，亦要有一颗敢于尝试、勇于创新的赤子之心，牢记金融从业者的职责与初衷，在新的时代背景下不忘使命，继续为之奋斗！

李仁杰

2018 年 5 月 28 日

前　言

　　受益于国内居民财富的积累及理财意识的觉醒,近年来中国金融资产管理行业经历了高歌猛进式的增长,规模从 2012 年末的 27 万亿元急剧成长至 2017 年末的 100 多万亿元。资管行业的发展不仅满足了大众不同层次的投资理财需求,更在优化社会融资结构、推进利率市场化进程等方面发挥了积极作用。然而令人忧虑的是,伴随发展而来的"刚性兑付、监管套利、多层嵌套、杠杆过高"等行业顽症日益加重,尤其在宏观经济增长下行、金融风险集聚的背景下,许多所谓的"创新"在与监管层的捉迷藏游戏间,扮演着抵消货币政策有效性、推高社会融资杠杆率及加剧金融风险扩散的角色。

　　值得欣慰的是,资管行业乱象已得到了中央领导的高度重视。旨在规范资管业务发展的《关于规范金融机构资产管理业务的指导意见》(以下简称"《指导意见》")已于 2018 年 4 月 27 日正式出台。监管层期望通过监管方式的转变,将资管行业引入"受人之托,代客理财"的健康发展轨道。

　　落实资管新规,需要投资者、市场经营机构、监管三方合力。三方合力的关键是什么? 笔者认为,关键在于落实投资者适当性管理。此次《指导意见》将投资者适当性管理放到了较为重要的开篇位置,而且着墨颇多,也从侧面印证了这一观点。《指导意见》明确要求金融机构应当坚持"了解产品(KYP)"和"了解客户(KYC)"的经营理念,加强投资者适当性管理,根据投资者的风险识别能力和风险承担能力向其销售相适应的资产管理产品。禁止欺诈或者误导投资者购买与其风险承担能力不匹配的资产管理产品。同时应当加强投资者教育,不断提高投资者的金融知识水平和风险意识,向投资者传递"卖者尽责,买者自负"的理念。应当说,投资者适当性管理是打破目前资管行业"刚性兑付"顽症的关键。

在金融市场较为发达的美国及欧盟国家,投资者适当性及相关制度建立得较早且比较完备,对保护投资者利益起到了至关重要的作用。但在我国,投资者适当性无论在理论还是实践上均起步较晚,在投资者保护方面还有很多工作可做。尤其是在金融与科技高度融合、金融服务线上化趋势明显的今天,如何利用科技手段,对客户的投资能力进行精准画像,真正实现将合适的产品卖给合适的人,成为广大从业者迫切需要思考和解决的问题。

结合多年传统金融机构及金融科技公司的工作实践,近年来笔者在投资者适当性管理方面进行了一些探索,积累了一些经验,也一直希望能在基础理论及国外成熟投资者适当性制度研究方面有所突破,从而更好地指导未来的实践,为我国投资者适当性制度及投资者保护贡献绵薄之力。这些因缘成就了《资管新时代——投资者适当性理论与实践》这本书。

本书共分六章。第1章阐述资管新规的监管逻辑,及资管新时代背景下投资者适当性的痛点与解决思路。第2章对投资者适当性的本源进行探讨,重点阐述投资者适当性的理论基础及其目的和功能。第3章对美国、欧盟、新加坡等主要发达国家投资者适当性的实践进行梳理。第4章就当前我国投资者适当性实践中容易混淆的一些问题提出了自己的观点与看法,重点关注合格投资者制度、刚性兑付、金融科技、金融监管、权利救济等与投资者适当性的关系。第 5 章分析投资者适当性中的平衡关系，主要为平衡"卖者尽责"与"买者自负"关系，平衡投资者保护与市场效率关系，平衡新技术与传统技术的关系，以及平衡新技术运用带来的两种新关系。最后，第 6 章提出了我国应当建立完善的投资者适当性体系。这一体系的内容是结合传统金融业务风险管理技术与大数据、机器学习、云计算、AI 等新技术，通过对金融资产进行准确的风险分类，对投资者进行风险承受能力画像，按量化模型对两者进行匹配，辅之以清晰、完整、全流程的信息披露以及投资者教育体系，实现产品全生命周期风险管理及资产与资金的精准匹配，从而达成"将合适的产品卖给合适的投资人"这一目标。

本书力求做到既保持适度的专业性，对金融从业者尤其是资管业务从业者有一定的启迪和帮助；又通俗易懂面向普通投资大众，让投资者明白，完善并真正落实的投资者适当性是保护自己权利、免遭不必要损失的有力武器。

最后，感谢刘信义先生、李仁杰先生为本书作序，给本书增添了许多光彩。非常有幸在职业生涯中有机会跟随中国金融业界的两位翘楚人物工作学习。他们不仅是我工作上的领导、恩师，更是我人生的榜样。感谢中国平安集团的领导、同事在日常工作中对投资者适当性管理的探索创新给予的指导和帮助。同时感谢熊国盛、张珺等同事在书稿整理过程中给予的大力协助。鉴于个人水平和时间有限，本书一定还存在很多错漏和疏忽之处，在此表示真诚的歉意，并欢迎读者朋友多多批评指正。

杨　峻

2018 年 6 月 8 日

目　录

第1章
新时代背景下投资者适当性的痛点与解决思路

1.1 迎接资管新时代

多年后当金融从业者回首过往、复盘市场的时候,2017年绝对是值得载入中国金融史册、让人记忆深刻的一年。这一年,"防控金融风险"被国家决策层提到了空前的高度,先后在中央政治局会议、全国金融工作会议、党的十九大、中央经济工作会议中被反复强调;这一年,国务院金融稳定发展委员会正式成立,结束了金融统筹监管和协调监管缺乏顶层设计的局面;这一年,"一行三会"的监管风暴如期而至,针对资管行业的种种乱象给予了精准打击;这一年,《关于规范金融机构资产管理业务的指导意见(征求意见稿)》(下文简称"资管新规")横空出世,必将成为指引资管行业未来发展的纲领性文件。

对于广大资管机构和从业者而言,这是一个最坏的时代,也是一个最好的时代:过往依赖监管套利、层层加杠杆等手段"躺着赚钱"的时代一去不复返。伴随金融去产能而来的是机构盈利下滑、业务条线收缩、从业人员冗余的行业阵痛;而从另一个角度来看,资管业告别野蛮增长模式,重新切换至专业经营的正轨,对谋求发展的机构和个人而言无疑是一个喜讯。谁可以在行业变革时坚持不懈地提升自身专业实力,在所处的行业细分领域多思考、多实践,谁就能在大潮退去时屹立不倒,并以崭新的姿态迎接下一轮更加精彩纷呈的行业大发展。

站在新旧时代交替之时,重温资管业务的本源,厘清此次资管新规的监管逻辑,并对资管行业的未来发展方向有所预判,对于指导我们下一步业务和工作有着积极的意义。让我们先从资管业务的本源说起。

1.1.1 资产管理业务的本源

当前,资管行业被谈论最多的是要回归本源。那么究竟什么是资管业务的本源呢?

搞清资管业务的本源需从定义入手。资管新规对资管业务作出了如下明确的定义:"资产管理业务是指银行、信托、证券、基金、期货、保险资产管理机构、金融资产投资公司等金融机构接受投资者委托,对受托的投资者财产进行投资和管理的金融服务。金融机构为委托人利益履行诚实信用、勤勉尽责义务并收取相应的管理费用,委托人自担投资风险并获得收益。"

由以上定义可知,"受人之托,代客理财,卖者尽责,买者自负"是资管业务本源最为精准的概括。资管业务属于金融机构的表外业务,资管机构与投资人之间建立的是委托受托关系,而非信用关系。即使投资本金亏损,只要资管机构勤勉尽责地履行了代客理财义务,本不应该像表内业务一样,对投资者承担刚性兑付责任。

但是,投资人自担投资风险的前提是"卖者尽责"。与普通商品不同,金融产品的风险具有隐蔽性和滞后性,投资者与资管机构之间往往存在着较为严重的信息不对称。在"卖者不尽责"的前提下要求"买者自负"是不公平的。资管机构如何做才算"诚实信用、勤勉尽责"地履行了应尽的义务,正是投资者适当性管理的研究领域。它不仅是顺利打破刚性兑付的基石,也是落实投资者保护的重要举措。

1.1.2　资管新规的监管逻辑

据媒体报道,资管新规自 2017 年 11 月 17 日公布征求意见稿以后,央行共收集到各类修改意见多达两千多条,可谓社会反响巨大。特别是作为中国金融市场主力军的商业银行意见尤为激烈。2018 年 3 月 28 日,中央全面深化改革委员会第一次会议审议通过了资管新规。作为一个国务院多部委的联合发文,资管新规获批的规格之高实属罕见。且以 4 月 27 日公布的正式稿来看,较之前征求意见稿的改动并不算多。作为重塑行业格局的纲领性文件,资管新规为何能够突破重重阻力,得到国家高层的强力支持,其背后的监管逻辑是什么? 笔者认为,可以从"去杠杆、调结构、控风险"三个角度加以分析。

1. 去杠杆

2008 年美国次贷危机后,全球经济增长乏力。中国为了维持 GDP 继续高速增长,在"投资拉动型"的经济增长模式下推出了"4 万亿"刺激计划。在此期间,市场上货币流动性宽裕,中国广义货币供给 M2 增速一直维持在 15% 以上,银行放贷热情高涨,大大刺激了企业通过举债扩张产能或进行业外投资的冲动。

但糟糕的是,无序扩张的产能及业外投资并未给企业带来真正的收益。一方面,在市场需求有限的背景下,多个行业陷入了产能过剩、恶性竞争的窘境,企业经营性现金流恶化;另一方面,党的十九大后中国经济发展思路发生重大转变,"稳增长"让位于"高质量"发展。通过"开闸放水"刺激经济增长的时代一去不复返,货币供给量收紧,M2 增速降至目前的 8% 左右。市场信用收缩使得企业再融资风险加大,筹资性现金流受到影响。无论是银行业不良贷款率仍处于高位,还是债券市场违约事件频发,均表明现已进入企业信用风险高发期,且风险正在向金融机构传递。

在货币供给量充裕的背景下,我国非金融企业部门的杠杆率自 2009 年后大幅攀升。据国泰君安《中国去杠杆评估报告(2017)》显示:截至 2017 年 9 月,我国非金融企业部门杠杆率(债务规模/GDP)高达 162.5%。从国际比较来看,不仅显著高于俄罗斯(50.1%)、巴西(41.4%)、印度(45.8%)等新兴经济体,也显著高于美国(73.2%)、德国(54.4%)、日本(103.2%)等发达经济体。

在企业盈利能力未有根本性改善的前提下,非金融部门过高的杠杆率已然成为国民经济运行中的一颗定时炸弹,必须通过有效方法加以解决。

因中国 GDP 增长已放缓,降低非金融企业部门杠杆率的主要手段是降低其负债水平。而降低一个企业的负债率有两种途径,一是减少负债,二是增加所有者权益。鼓励企业以股权融资取代部分债务融资,在增加所有者权益的同时降低负债,无疑可达到去杠杆的效果。

此次资管新规从资金端支持资本市场发展的意图较为明显:新规将资管产品按照募集方式的不同分为公募产品及私募产品。一方面大幅提高私募产品合格投资人门槛,实现将市场资金向公募产品引流;另一方面规定公募产品仅可投资标准化债权类资产以及上市交易的股票,且对标准化债权类资产进行严格定义,进一步限制公募资金的投资流向,从而为资本市场引入源源不断的活水,为资本市场特别是股票市场的长远健康发展提供了有力支持。除了资管新规以外,近期其他配套监管政策也彰显了政府鼓励企业股权融资的方向。如大力发展政府产业引导基金、鼓励银行债转股、限制"名股实债"私募产品备案等，引导企业进行真正的股权融资，以达到降杠杆的目的。

2. 调结构

资管新规第一条第(二)点明确指出："资产管理业务应坚持服务实体经济的根本目标。既充分发挥资产管理业务功能，切实服务实体经济投融资需求，又严格规范引导，避免资金脱实向虚在金融体系内部自我循环，防止产品过于复杂，加剧风险跨行业、跨市场、跨区域传递。"可见，引导资金脱虚向实，支持实体经济，是此次资管新规的另一大核心要务。

近几年，随着经济进入新常态，实体经济部门普遍进入了结构调整期，经济效益有所下滑，企业经营风险显著上升。这无疑削弱了金融机构支持实体经济的动力。部分机构将资金集中运用于同业业务，以钱炒钱；部分机构热衷当通道、做过桥、放杠杆等等，市场上出现了一系列令人眼花缭乱的跨市场、跨业态和跨地区的多重嵌套金融产品。这不仅拉长了实体经济的融资链条，提升了企业的融资成本，更使得风险在金融体系内积聚。在此背景下，防止资金"脱实向虚"，引导资金更多流向实体经济，成为监管部门的重任。

此次资管新规对产品嵌套进行了非常严格的规定："资产管理产品可以再投资一层资产管理产品，但所投资的资产管理产品不得再投资公募证券投资基金以外的资产管理产品。"配合其他监管政策对银行同业业务的打压，资金流向实体经济的链条将会大大缩短。

"调结构"不仅体现在防止资金在金融同业空转、缩短融资链条上，还体现在对融资对象的方向性引导。地方政府融资平台及房地产开发企业一直是非标债权类资管产品最主要的两类支持对象。针对该两类客户，商业银行表内贷款融资因受制于严格的监管限制，无法满足它们旺盛的融资需求,故其他部分多由银行表外理财及互联网金融机构等通过信托、券商资管、基金子公司等通道以非标债权的形式加以承接。

资管新规对产品投资非标债权类资产进行了非常严格的限制,比如从严解读标准化债权资产的定义,消除"非非标"等监管模糊地带;规定"资产管理产品直接或者间接投资于非标准化债权类资产的,非标准化债权类资产的终止日不得晚于封闭式资产管理产品的到期日或者开放式资产管理产品的最近一次开放日",极大地限制了非标资产的资金来源等。在此背景下,地方政府融资平台及房地产开发企业的融资渠道将进一步收窄,这不仅完全符合中央"严控地方政府债务规模""对房地产市场进行持续调控"的指导精神,同时也可引导资金向先进制造业、消费升级相关行业流动,实现经济的新旧动能切换。

3. 控风险

"控风险"是资管新规背后逻辑的第三个要点。此前金融机构将表外业务表内化运作,使得资产管理业务偏离本源,是形成金融系统性风险隐患的根源之一。资管新规明确将资管业务定义为金融机构的表外业务,同时规定金融机构不得开展任何表内资产管理业务。

一般而言,金融机构表内业务的核心特征有三点:期限错配(资金池),客户不获取超额收益,刚性兑付。因表内业务直接关系到金融机构的经营安全性,监管层一般通过资本充足率、计提风险资本、风险准备金等手段加以严格约束。但过往很大一部分资管业务"以表外业务之名,行表内业务之实",在享受资产投资超额收益的同时,规避对自身资本充足性的监管,同时承担刚性兑付责任。

下面以占资管行业最大份额的银行表外理财为例,通过简要分析其发展轨迹,探究其中隐含的巨大风险。

银行表外业务的发展最初是从通过信托通道创设非标债权资产开始

的。2008 年以来,4 万亿刺激带动了基础设施建设、房地产开发行业的大发展,政府与上下游企业大举加杠杆扩表,社会融资规模高速增长,可以说商业银行的业务扩张需求与政府和企业的融资需求无缝对接。但彼时商业银行受到包括存贷比、资本充足率、信用资质审核、额度管理等在内的诸多监管限制,以同业投资的形式用信托计划代替贷款,同时以银行表外理财资金替代自营,一方面突破额度的限制,一方面突破风险管理的要求,大大地带动了非标业务的发展。

银信合作虽然于 2010 年被银监会收紧,但紧随而来的是证监会对券商、基金子公司的资管业务予以放行,从而使非标融资以更灵活的形式继续增加。无论以哪一个主体的产品形式体现,其资金来源主要还是银行,只是通道更多、业务模式更为复杂。

2013 年,得益于利率市场化的推进和银行拓展业务的需求,银行理财业务高速发展,商业银行表内储蓄占商业银行总资产的比重持续下降,银行负债表外化趋势凸显。同年 3 月,银监会发布 8 号文,限制了银行理财对于非标资产的投资额度,银行理财投资从非标资产逐步向标准化资产转化。与此同时,2012 年经济增速放缓后,银行资金的目光也从实体经济转向金融市场,中小银行陆续加入。商业银行逐步形成了以银行理财为负债来源,投资资产多元化的表外业务。

短短的 4 年半的时间里,银行理财规模增长了两倍,从 2013 年的 10.24 万亿元成长到 2017 年 12 月的 29.54 万亿元,逐步成为资产管理市场中规模最大的主体。然而银行这类表外业务却很难被视为真正的资产管理业务,一方面是参与的非标投资承载了部分表内贷款的功能,另一方面因为虽然在表外运作,却是以表内的方式在进行资金的募集和管理,并承担刚性兑付责任。

表外业务的表内化运作积累了大量的风险:一是表外非标资产具备

信用扩张功能,但除了委托贷款、信托贷款、票据等已纳入监管的规范化业务,部分通过多层嵌套形成的非标资产未被社会融资规模统计,形成"影子银行",增加了监管及调控工具使用的难度且影响对实际社会流动性的判断。二是表外业务没有资本金的约束,规模无序扩张,其刚性兑付需要银行表内来承担,风险其实并未出表,导致银行实际的资本充足率不足。三是表外类表内的资金池运作模式下没有足够的准备金,无法应对集中挤兑下的流动性管理需求,容易引发系统性金融风险。

资管新规遵循"从根本上切割资管机构的表内表外业务"的逻辑,试图使资管业务回归到表外代客理财的本源。只有这样才能对金融机构的实际经营风险做出准确的评估和监管,防范系统性风险。

新规对表内业务的"期限错配""客户不获取超额收益""刚性兑付"这三个核心特征都做出了明确的禁止性规定:

(1)期限错配(资金池)。

期限错配是指金融产品的资产端久期和负债端久期不匹配,通常是资产端剩余久期长于负债端剩余久期,实践中期限错配常常借助资金池模式实现。以银行理财产品为例,资金池模式的运作机制是:银行首先建立一个资金池,将不同类型、期限和预期收益率的理财产品募集的资金纳入资金池进行统一管理,形成资金来源;银行将该资金池中的资金投资于符合该类型理财产品所规定的各种投资标的,这些基础资产(投资标的)共同组成了资产池。银行通过资金池可以将期限错配程度拉大,负债端滚动发行短期理财产品,资产端则投资中长期期限资产。

此次资管新规第十五条明确要求:资管机构不得开展或者参与具有滚动发行、集合运作、分离定价特征的资金池业务。为降低期限错配风险,要求强化资管产品的久期管理,封闭式资产管理产品最短期限不得低于 90 天。要求含非标投资的封闭式资管产品到期日或开放式产品最近开放日不能早于非标资产到期日,且开放式产品不能投资非上市股权。

上述的禁止性要求精准描述了现在包括银行理财、券商大集合等资金池产品的现状。据华宝证券研究部统计,截至 2017 年末,封闭式银行理财产品的期限基本全部集中在 1 年以内,2017 年发行的 90 天以内的封闭式预期收益型产品占封闭式预期收益型产品总量的 53%,而理财资金中约 16.1% 的资金投入非标资产,非标资产期限大部分都在 1 年以上,平均期限约在 1.5 年,期限错配现象明显。

(2)客户无法获取超额收益。

目前的预期收益型产品实质上是一种收益超额留存的做法,相当于发行人以一定的固定成本向投资者借钱做了投资,并留存了借款成本之外的投资收益。这本质上与银行存贷款业务的模式相同。

此次资管新规要求金融机构在开展资管业务时,为委托人利益履行勤勉尽责义务,并收取相应的管理费用,委托人自担投资风险并获得收益。在央行相关负责人的答记者问中,明确说明要改变投资收益超额留存的做法,管理费之外的投资收益应全部给予投资者,让投资者尽享收益。

(3)刚性兑付。

作为资管行业最大痛点的刚性兑付,不但抬高了无风险收益率水平,影响了金融市场的资源配置效率,更使得风险在金融体系累积,给金融安全造成了隐患。而且刚性兑付也加剧了资金"脱实入虚"的倾向性。随着经济进入新常态,实体经济部门普遍进入了结构调整期,经济效益有所下滑,企业经营风险显著上升。因资管机构对客户端刚性兑付的存在,无法将风险向下游转嫁,削弱了支持实体经济的动力。部分资管机构将资金集中用于金融运作,推出了一系列令人眼花缭乱的跨市场、跨业态和跨地区的多重嵌套金融产品,拉长了金融运作的链条,提升了实体经济的融资成本。

此次资管新规首次对刚性兑付做出了明确定义,第十八条规定,以下四种行为视为刚性兑付:(1)资产管理产品的发行人或者管理人违反公允价值确定净值原则对产品进行保本保收益;(2)采取滚动发行等方式使得资产管理产品的本金、收益、风险在不同投资者之间发生转移,实现产品保本保收益;(3)资产管理产品不能如期兑付或者兑付困难时,发行或者管理该产品的金融机构自行筹集资金偿付或者委托其他金融机构代为偿付;(4)人民银行和金融监督管理部门共同认定的其他情形。

同时,新规也规定了刚性兑付的惩罚措施:违规存款类机构要求回表补交存款准备金和存款保险基金并处罚,违规非存款类金融机构则会被处罚等。

国外成熟金融市场不存在资产管理人刚性兑付现象,可以说刚性兑付极具中国特色。目前刚性兑付以银行理财和信托产品最为直接。银行理财因以资金池形式运作,无法向投资者全面、及时地披露底层资产,加之银行出于自身声誉风险考虑,不得不对理财产品选择刚兑。而信托业的刚性兑付则起源于监管窗口指导。2005年前后,在处理个别信托公司风险事件时,监管层逐渐形成了要求各信托公司"不出现单个信托产品风险"的思路,实际上是要求确保到期资金的兑付,否则信托公司将会被叫停业务。信托公司为了保住业务牌照,不得不重视兑付问题,这便是刚性兑付的开端。2010年,房地产调控下房地产信托产品兑付出现困难,彼时监管层多次发文要求注意兑付问题,确保兑付,信托公司出于声誉考虑也接受按照确保兑付的要求管理信托资产。至此,"刚性兑付"潜规则在信托业正式确立。这一潜规则在助推信托产品快速发展的同时,也潜移默化地影响了其他各类金融产品的运作模式。

除了声誉风险及监管指导的原因以外,金融机构未做到"卖者尽责"

也是刚性兑付的一大成因。部分金融机构在理财产品销售中存在误导行为,销售人员为了追求业绩,刻意淡化理财产品的风险性,未对投资者的风险承受能力做到准确的评估,因而无法做到"将合适的产品卖给合适的人"。这导致了金融机构在试图打破刚兑时存在较多顾虑。从国内多个理财产品未保本兑付而引发的投资者与金融机构的纠纷判例来看,金融机构因不当销售、未充分揭示产品风险、未勤勉尽责等原因而败诉的比率非常之高。很多金融机构在向法院举证自身尽责时缺乏有力依据,进一步加剧了其刚兑惯性。由此可见,打破刚性兑付的关键因素之一在于落实卖者尽责,做好投资者适当性管理。

1.1.3 未来资管行业的发展方向

厘清此次资管新规的监管逻辑,无疑让我们对新时代下资管行业的发展方向有了更为清晰的认识。金融机构的表内业务及表外业务彻底切割,"禁错配,破刚兑,减通道,压嵌套,降杠杆"及产品净值化的发展方向已成为业内共识,在这个过程中,笔者认为资管市场将呈现以下两个特点。

1. 机构的主动管理能力将成为竞争核心

从监管方面来看,此次资管新规首先提出对同类资管业务做出一致性规定,从根本上抑制多层嵌套和通道业务的动机,最大限度地消除监管套利空间。然后在文中明确"金融机构不得为其他金融机构的资产管理产品提供规避投资范围、杠杆约束等监管要求的通道服务。资产管理产品可以再投资一层资产管理产品,但所投资的资产管理产品不得再投资公募证券投资基金以外的资产管理产品",从根本上封堵了未来通道业务发展的路径。据各行业协会统计,2017年信托业通道业务占比高达

60%,券商资管通道业务规模占比更是高达85%以上。在监管重压下，上述业务将面临较大的流失压力，之前以通道业务为生的资管机构将面临残酷的转型之痛。

在刚性兑付的资管旧时代，投资者在选择理财产品时，只用考虑投资周期和收益诉求，对于机构主动管理能力、实际投资标的、风险等因素考虑甚少；而在打破刚兑的新时代，机构的主动管理能力无疑将成为投资者主要考虑的因素之一，只有潜心打造自身投研能力、风控能力的机构方可在市场激烈的竞争中脱颖而出，机构两极分化的现象将日趋明显。

2. 投资者适当性的重要性增强

在资管旧时代，预期收益型产品横行市场，不仅抬高了无风险收益预期，而且扭曲了投资者对风险的认知。在刚兑背景下，资管机构对本来应该承担的投资者适当性管理的责任不用特别重视，因为未来与投资者发生法律纠纷的可能性较低。而在资管新时代，净值化的理财产品不再保本保收益，金融产品天然的信息不对称性、风险滞后性、高度专业性往往令投资者在销售时处于弱势。若资管机构仍沿用以往的旧观点对待投资者适当性管理，无疑将令自身在打破刚兑的道路上陷入诸多麻烦之中。

更进一步讲，在未来资管产品趋同化、竞争愈发激烈的背景下，做好投资者适当性管理有助于机构设计出更符合市场需求的产品，实现精准营销、智能营销、交叉营销。这是因为"了解你的客户"是投资者适当性管理重要的组成部分。对投资者实现360度精准画像，从多个场景、多个维度了解投资者的基本情况、财务实力、风险偏好等方面信息，对其风险承受能力有一个清晰的认识，方可实现"将合适的产品销售给合适的投资者"这一卖者最基本的职责。

1.2 投资者适当性的痛点与解决思路

在资管业务回归"受人之托，代客理财，卖者尽责，买者自负"的本源的监管精神指引下，此次资管新规将投资者适当性管理放到了开篇较为重要的位置，而且着墨颇多。资管新规明确要求金融机构应当坚持"了解产品"和"了解客户"的经营理念，加强投资者适当性管理，根据投资者的风险识别能力和风险承担能力向其销售相适应的资产管理产品。

正如第一节分析的，真正意义上的资产管理业务不应该是刚性兑付的。有效落实投资者适当性管理是资管行业逐步打破刚兑的必要条件。"卖者有责"与"买者自负"共同体现了现代金融交易的诚信原则与契约精神。打破刚性兑付的前提条件是"卖者有责"。在卖者未尽职责的前提下要求"买者自负"是不公平的。投资者适当性管理体系的内容与卖者的"职责"高度吻合：一方面，要求卖者在产品风险等级与投资者风险承受能力之间作出精准匹配，避免不当销售；另一方面，要求卖者在产品存续期内，持续、客观地披露产品信息和风险，使投资者在信息相对充分的条件下作出选择判断。

1.2.1 投资者适当性的痛点

虽然投资者适当性对重塑资管行业有着非常重要的意义，但目前在我国的实践中面临如下痛点。

1. 金融机构落实的动力不足

投资者适当性管理体系中最为重要的一点是"不可将产品销售给超

出其风险承受能力的投资人",这显然和金融机构的销售业绩及利润最大化目标相违背。除去应对监管的需要外,金融机构在落实投资者适当性方面缺乏足够的动力,很多机构仅能做到表面合规。在实际操作中,金融机构服务人员会指导甚至帮助投资人填写风险承受能力测评问卷,目的就是人为美化投资者的风险承受能力评测结果,从而在销售投资产品时可以有更灵活的推介。这导致了客户风险测评和客户分类管理、产品适当性管理出现了严重脱节。

2. 利用传统手段无法满足监管要求

为了落实投资者适当性管理规定中"对普通投资者风险承受能力进行评估"的监管要求,目前几乎所有的金融机构都会通过对投资者单一问卷调查的方式完成评估。但仅仅依靠单一问卷的形式,无法对投资者风险承受能力进行准确的评估,这是因为:

首先,投资者在回答问卷时,往往会带有一定的心理预期,希望展现一个别人眼中的自己,未必是真实的。比如为了能够买到高风险高收益的产品,在追求业绩的销售人员引导下,投资者会刻意夸大自身的财务实力。若金融机构对其提供的答案不加验证就予以采信,往往会对用户的真实风险承受能力评估产生较大的偏离。根据笔者所在机构应用大数据技术对百万问卷样本进行验证发现,仅靠传统问卷得出的结果对投资者风险承受能力的误判率达到60%以上,效果着实不佳。

其次,每个人的风险偏好和风险认知程度是在不断变化的。一次大额的投资失败、收入的飞跃,或是一场重大疾病,都会影响投资者的投资风险偏好。而不断积累的投资经验,也会加深投资者对风险认知的理解。单一问卷采用相对固定的置式和测评方法,无法动态反映投资者的风险承受能力变化。

再次,由于客观存在的分业监管制度,现行的有关投资者适当性管理规定散落在各监管部门的规章制度中,统一的监管体系尚未建立。不同类型的金融机构在问卷内容的设计上有所差异,因而对投资者风险承受能力的评估结果也不尽相同。一个投资者可能在 A 机构被定义为保守型投资者,而在 B 机构却成为风险承受能力较高的进取型客户。这不但造成了投资者的困扰,也令金融机构的投资者风险承受能力测评实质上成为应付监管的手段。

由此可见,采用单一问卷调查的方式局限性明显,无法对投资者风险承受能力作出准确评估,因而也无法将投资者保护落到实处。

1.2.2　痛点解决思路

1. 统一监管规则并加大对机构违规的处罚力度

在各金融机构资管产品本质趋同的背景下,建立资管行业统一的投资者适当性标准有益于防止监管套利及不公平竞争。在制定标准时,可以从"了解你的产品、了解你的客户、产品风险与投资者的适配、信息披露、投资者教育"等五方面内容入手,分别加以规范。

金融机构的逐利性极易使投资者适当性管理流于形式。借鉴国外成熟金融市场经验,加大对机构违规的处罚力度是改变这一现象的唯一选择。处罚不仅局限于罚款,而是根据违反情节严重程度,将违规与业务牌照或负责人任职资格相关联,将对机构从业者起到较为深刻的警示作用。

2. 利用科技手段提升投资者适当性的管理效果

实践证明,依赖传统手段已无法有效落实投资者保护。积极利用金融科技提升投资者适当性管理效果,降低体系运行成本,在助力打破刚兑的同时实现金融普惠,不失为一种选择:一是可利用大数据、机器学习等手段对投资者的客观财务实力、风险偏好、风险认知水平、投资经验等因素进行深度剖析,更为精准地为投资者风险承受能力进行画像。二是可将新技术运用于资产端的风险管理,从而提高对资产风险的分类精度。三是可将匹配规则嵌入模型化、智能化的投资者与产品风险适配系统,从而减少人工干预、加强系统留痕,避免"飞单"等不当销售情形发生。四是可利用线上平台,以知识问答、学习型游戏、模拟投资等多种模式,帮助投资者提升投资经验和风险认知水平,进一步普及"买者自负"的投资理念,为打破刚兑做准备。

1.2.3 如何构建投资者适当性管理体系

笔者认为,投资者适当性管理体系主要包括"投资者评估(Know Your Customer,KYC)、产品风险评估(Know Your Product,KYP)、产品风险与投资者的适配、信息披露、投资者教育"五方面内容。作为资管机构,构建完善而有效的投资者适当性管理体系不仅是打破刚兑后保护自身合法权益的必备条件,更是提升资金与资产的匹配能力、培育自身核心竞争力的关键因素。结合国内实践,下面简要阐述如何构建投资者适当性管理体系。

1. 产品风险评估(KYP)

产品风险评估,即了解你的产品,是投资者适当性管理体系的重要组成部分。对资产端的风险管理,我们可以在传统金融机构风险管控行之有效的办法的基础上,充分发挥金融科技的优势,建立全流程、全生命周期的风险管理体系。具体而言,即是从风险政策、信用评级、信息披露、风险监控、风险评价、风险管理信息系统等方面入手,实现对资产的识别、筛选和风险等级评定。

建立有效的产品风险评估体系,不仅能够通过相对量化的手段帮助投资者了解产品的风险程度,从而选择适合自身风险偏好的投资产品,而且更能体现资管机构在资产端风险识别和管理上的附加价值。

2. 投资者评估(KYC)

投资者评估,即了解你的客户,是投资者适当性管理体系的核心。如前所述,目前大多数金融机构采用单一问卷形式对投资者进行风险承受能力评估,投资者在回答问卷时可能会隐藏或夸大财务实力,评估结果不够准确。

新技术的发展及运用为准确评估投资者提供了技术上的可能。资管机构可以从投资者客观实力和主观风险偏好两个维度入手,综合评估投资者风险承受能力。客观实力,主要考量投资者基本信息、资产信息、投资行为、消费行为等,并通过大数据、机器学习等新技术,更为精准地评估投资者的客观实力;主观风险偏好,主要考量投资者的投资规划、投资经验、风险认知水平、风险敏感度等,可以利用问卷与大数据结合的方式,更多地结合心理分析对投资者的主观风险偏好进行评估。综合客观实力和主观风险偏好两个维度的得分,获得投资者最终的风险承受能力等级。这个风险承受能力等级仍需要资管机构动态的维护,应随着投资者财力和主观偏好的变化而定期检视。

对投资者实施深度评估也是资管机构实现精准营销、提升资产配置效率的重要手段。长久以来,大多数资管机构的经营侧重于寻找资产,因为在隐性刚兑的预期下,产品并不愁卖。然而,一旦市场打破刚兑预期,资管机构对资金端的营销压力势必大增。未来客户对资管产品的选择,不仅由资管机构的基本产品设计能力和风险管理能力决定,更由资管机构是否"以客户为中心",深度挖掘客户需求和风险承受能力、实现精准营销决定。对投资者的深度评估也可帮助资管机构在寻找资产时更具方向性,提高交易效率。

3. 产品风险与投资者的匹配

在对 KYP 及 KYC 精准评估的基础上,建立产品与投资者之间有效的适配体系,力求在充分保护投资者利益的同时,保障其自主投资权利,实现"合适的产品卖给合适的投资人"的目标。

在机构层面,我们可以在资产风险识别及投资者风险承受能力精准分析的基础上,明确各等级风险承受能力投资者可投资的产品范围,并将匹配规则嵌入模型化、智能化的投资者与产品风险适配系统,结合智能投顾,自动实现资产和资金的精准匹配。

匹配基本规则应当包括:第一,风险承受能力高的投资者可以投资相对高风险产品;风险承受能力低的投资者只能投资相对低风险产品;第二,风险超配时应当拦截,并推荐、引导投资者购买与其风险承受能力相匹配的产品;第三,针对不同风险等级的产品,设定最低起投金额;第四,为了分散投资人投资风险,对某些高风险产品,设置单一投资人最高持有金额;第五,对高龄等特定投资人群实施特别的风险提示和投资行为确认程序。

4. 信息披露

在产品销售时,完善而有效的信息披露能够大大降低投资者与投资产品风险错配的几率,缓释资管机构"不当销售"的风险;在产品存续期内,资管机构应尽到勤勉尽责的受托人义务。当资产信息发生重大变更,如融资人/增信方财务情况、经营情况恶化,投资标的出现风险事件等,及时对投资者进行公告,使投资者知悉并采取风险控制措施。实现存续期充分信息披露的前提是资管机构内部建立一套完善的投后风险预警监控体系,根据预警结果对投资产品实时调整评级,并动态向投资者披露。

5. 投资者教育

投资者教育亦是投资者适当性管理体系的组成部分,是为金融市场培育合格投资人的基础性工作。

资管机构可以充分利用互联网技术，使金融知识的普及更具趣味性和娱乐性，让投资者通过游戏、趣味测评和模拟投资等方式了解金融市场，熟悉金融产品，提高风险认知水平，同时积累投资经验，提升投资能力。

综上所述，在新时代背景下，资管行业欲回归"受人之托，代客理财，卖者尽责，买者自负"的本源，有效落实投资者适当性管理是其中最为关键的一环。与国外成熟市场以机构投资者为主不同，中国金融市场中个人投资者占比较大，保护中小投资者的责任更为艰巨。而我国的投资者适当性管理无论是理论还是实践均起步较晚，在投资者保护方面还有很多工作可做。尤其是在金融与科技高度融合、金融服务线上化趋势明显的今天，如何利用科技手段，准确评估产品风险及客户的风险承受能力，并将两者进行精准匹配，真正实现将合适的产品卖给合适的人，需要广大从业者共同努力，积极探索。

第2章
投资者适当性概述

全面、准确了解投资者适当性,是发挥投资者适当性功效的前提和基础。为此,需要理解投资者适当性的基本内涵、理论基础,以及投资者适当性管理的价值和目的等。

2.1 投资者适当性基础

2.1.1 投资者

分析投资者适当性,必须先从投资者这一概念出发,明确投资者的范畴。在我国,投资者的概念在 1998 年《中华人民共和国证券法》中有所表述,但并未作出具体的界定。最高人民法院《关于审理证券市场因虚假陈述引发的民事赔偿案件的若干规定》第 2 条规定,"本规定所称投资人,是指在证券市场上从事证券认购和交易的自然人、法人或者其他组织",强调的是认购和交易。中国银行业监督管理委员会(以下简称"银监会")在《信托公司集合资金信托计划管理办法》中,将集合信托的投资人定义为"能够识别、判断和承担信托计划相应风险的人",强调的是风险挂钩。

在我国,有人认为,只有参与证券市场才是投资者;也有人认为,凡是金融机构服务的对象,都是投资者。要确认投资者,就应当以"投资"的内涵予以界定。《辞海》对投资的定义为:"投资是指企业或个人以获得未来收益为目的,投放一定量的货币或实物,以经营某项事业的行为。"从定义看,投资的核心包含两点,一是为了未来获得收益,一是投入一定数额的资金。因此,只要是为了获得未来收益并投入一定数额的资金与金融机构交易的主体,都应当认定为投资者(特别说明,实物投资不在本书研究范围)。

所以,无论是"证券市场的投资者才是投资者",还是"凡是金融机构服务的对象都是投资者"的观点,都有失偏颇。前者是狭隘的,后者丢失了投资的内涵。不容否认,投资者适当性起源于证券资本市场,但在全球金融创新日新月异、金融混业经营方兴未艾、金融市场国际化一日千里的大背景下,固守起源说这一狭隘的观点不可取。同时,如果宽泛到凡是和金融机构交易的对象都是投资者,则抹杀了投资的内涵。2008年金融危机后,金融消费者保护成为国际金融监管改革的重要内容和核心措施,并在全球范围内形成了金融消费者保护立法的浪潮。由于监管的异同,金融消费者和投资者的关系存在差异,值得我们借鉴。以英国为例,将投资者纳入金融消费者的范畴。美国则区分资本市场与商业银行系统来划分投资者与金融消费者。

对比英美两国的规定,金融消费者在英国涵盖整个金融领域,而在美国仅限于商业银行领域;金融消费者和投资者在英国法上表现为从属关系,而在美国法上表现为并列关系。这是由一国的监管体制及历史发展决定的。作为证券法上的重要概念,投资者概念的形成和确立要远早于金融消费者。作为现代证券法奠基之作,美国1933年的《证券法》和1934年的《证券交易法》就将投资者保护作为基本宗旨,并构建起以信息披露为核心的投资者保护制度。相比之下,世界范围内的消费者运动萌芽于20世纪30年代后期,勃兴于20世纪50年代,到20世纪60年代才形成消费者权利的概念。而金融消费者概念从理论探讨走向立法实践,更是20世纪末至21世纪初的事情。实际上,在传统的分业经营背景下,与证券投资者相提并论的概念是银行存款人和保险投保人。随着金融创新和混业经营的发展,金融产品和服务不断细分并日益交叉,存款人和投保人这样的称谓已不足以全面涵盖银行和保险机构的客户,于是逐步产生了金融消费者概念。

事实上,我国现行法律并未对"金融消费者"进行界定。银行、保险等金融领域的监管经常提到金融消费者权益保护问题,证券市场提及的主要是投资者利益保护。就此看,和美国类似。从立法和监管看,我国属于分业经营、分业监管的体制。但是,金融创新所带来的产品和业务领域存在交叉、竞合,在资产管理领域尤其明显。资本市场、银行市场、保险市场、信托市场等各种金融要素相互渗透,比如投资人在银行购买的理财产品,实际上可能是资本市场的定向增发资管计划。这也解释了市场呼吁从主体监管向功能、行为监管的必要性。

我们也要看到,投资者和金融消费者,面对的都是金融机构,都处于相对弱势的地位,都可能面临被欺诈、误导乃至操纵的风险和问题,都需要法律的倾斜和保护;而且,随着金融市场深化和发展、金融产品创新,金融消费者与投资者会在身份边界上趋于模糊。也有学者提出了"消费也是投资"的理论。陈志武教授在《消费也是投资——借钱花的逻辑》一文中详细阐述了他的观点。这一观点给予笔者启发,如何来评判当前火热的"现金贷"。从普惠金融看,帮助难以从银行得到消费贷款的个人获得贷款资金,无疑是积极的;但从消费也是投资的角度,现金贷的提供者提供给借款人的产品是否合适,则需要打上问号,从投资者适当性看,不合适的就是应当禁止的。

还是回到投资的内涵:"为了获得未来收益并投入一定数额的资金与金融机构交易"。以此来定义我国金融领域的投资者,可以得出如下基本结论:投资者不能局限于证券市场投资主体,投资于股票、基金、债券、贵金属、银行理财、信托理财、保险理财、资产管理计划、P2P 等的主体都属于投资者。相对应的是,凡销售前述产品和提供前述服务的机构,都应当遵循投资者适当性制度。传统上,销售前述产品和提供前述服务的机构,均属于持牌机构,并有相应的监管机构。随着移动互联、AI 为代表的新技术的发展,崛起了一批科技金融巨头,为投资者提供了专属于传统金融的服务。笔者认为,科技金融或者金融科技,在本质上仍属于金融,仍需要遵守金融规则,监管需要利用科技手段对金融科技予以监管,在投资者适当性方面,当然也不例外。笔者根据投资内涵确定的投资者范围,和《关于规范金融机构资产管理业务的指导意见》定义的资产管理业务类似。该指导意见规定,资产管理业务是指银行、信托、证券、基金、期货、保险资产管理机构、金融资产投资公司等金融机构接受投资者委托,对受托的投资者财产进行投资和管理的金融服务。

2.1.2 合格投资者

在很多人心中,投资者适当性制度和合格投资者制度是同一件事情。这是理解上的偏差。合格投资者制度,是指对投资人适格性的规定,是指对于投资人参与某项具体投资的资格和要求,或者获得某些便利和优惠的要求。合格投资者制度产生于美国的私募发行制度,美国私募证券只能销售给财力雄厚、足以承担证券投资风险的合格投资者(accredited investor),销售给合格投资者的私募证券,在发行上可享受在监管机构的注册及信息披露的豁免。合格投资者制度是投资者进入某一市场或参与某一业务、购买某一产品、接收某种服务的"准入"制度。立法目的是高风险、高收益的产品只能在特定的投资者之间进行封闭式交易,将不合格的投资者排斥在市场交易之外。从表面看,有利于投资者保护。我国也是在证券市场首次引进这一概念。一国的合格投资者制度受多种因素影响,其中该国的市场发展历史及现状、监管体制、文化因素尤为关键。表现在对合格投资者认定时,分别采取"较为宽松的原则导向""原则导向与规则导向相结合""较为谨慎的规则导向"。虽然原则不一,但有一个共同特点,就是对投资者进行划分,均采用了对专业投资者或合格投资者进行界定的方式,排除在专业投资者或合格投资者之外的即为一般投资者。

笔者认为,合格投资者制度,是投资者适当性的组成部分,并不能代替投资者适当性。合格投资者的认定,属于投资者适当性管理中的"了解你的客户",是投资者分类中的一种。关于合格投资者,本书会在后面章节进一步详细阐述。

2.1.3 投资者适当性

投资者适当性中的"适当性"一词来自英文 suitability。美国权威的《布莱克法律词典》并未对 suitability 作出定义,但对其形容词形式 suitable 作了定义:"fit and appropriate for their intended purpose"。因此我们可以认为,适当性应是指与其预期目标相匹配且契合的状态。通俗点说,就应当是合适、妥当,且不能过分或不当。就投资而言,适当性应当是一个动态的过程,表现在投资前、投资时、投资后,投资相关的主体都应当是适当的,这里的主体应当包括投资人、经营机构、监管机构等。我们看一下美国、国际组织及中国给投资者适当性下的定义,并分析投资者适当性应当包括哪些基本内容。

1. 美国

对于何为投资者适当性，美国学者的认识基本上是相似的。例如，波赛尔教授认为，投资者适当性是要求"经纪商在向投资者推荐证券时，只能推荐那些基于合理根据适合该投资者的证券"。[1]罗思和塞利格曼教授也认为投资者适当性是指"经纪商有义务推荐适合特定客户要求的证券"。[2]

美国金融业监管局(Financial Industry Regulatory Authority, FINRA)明确了投资者适当性，其 Rule 2111 规定："A member or an associated person must have a reasonable basis to believe that a recommended transaction or investment strategy involving a security or securities is suitable for the customer, based on the information obtained through the reasonable diligence of the member or associated person to ascertain the customer's investment profile. A customer's investment profile includes, but is not limited to, the customer's age, other investments, financial situation and needs, tax status, investment objectives, investment experience, investment time horizon, liquidity needs, risk tolerance, and any other information the customer may disclose to the member or associated person in connection with such recommendation."(一个会员或关联人，必须确保证券交易建议或投资策略建议是在适合客户的基础上进行的，依据从合理的尽职调查渠道获取的信息，确定客户的投资画像。客户的投资画像包括但不限于客户年龄、其他投资、金融状况及需求、税务情况、投资目标、投资经验、投资期限、流动性需求、风险容忍

---

① ② 转引自武俊桥：《证券市场投资者适当性原则初探》，《证券法苑》2010 年第 3 卷。

度以及客户可能向提供建议的成员或关联人披露的任何其他信息。)

2. 国际组织

国际清算银行、国际证监会组织、国际保险监管协会发布的《金融产品和服务零售领域的客户适当性》报告也给出了定义："Suitability or appropriateness are given a broad meaning: the degree to which the product or service offered by the intermediary matches the retail client's financial situation, investment objectives, level of risk tolerance, financial need, knowledge and experience."(投资者适当性是指金融中介机构所提供的金融产品或服务与客户的财务状况、投资目标、风险承受水平、财务需求、知识和经验之间的契合度。)

2013 年 1 月,国际证监会组织发布了《关于复杂金融产品销售的适当性要求(最终报告)》,将适当性定义为："'Suitability requirements' or 'suitability' include any standard or requirement with which an intermediary is required or expected to comply in the distribution of financial products—including as mentioned in the provision of investment advice, individual portfolio management, or in offering for sale both with and without providing a recommendation—to assess whether the product being sold matches the customer's financial situation and needs. An assessment of the customer's financial situation and needs may include an assessment of the customer's investment knowledge, experience, investment objectives, risk tolerance(including risk of loss of capital), time horizon and/or capacity to make regular contributions and meet extra collateral requirements, and understanding of the product in question where appropriate. Suitability is intended to have a functional and all-encompassing meaning, in order to accommodate technical legal terms adopted in different jurisdictions.

The intent is to cover broadly various requirements applicable to intermediaries in individual jurisdictions depending on the type of distribution (i.e., requirements applicable where there is investment advice, individual portfolio management, other investment services, etc.) and/or type of customer(e.g., retail, institutional, sophisticated, and professional, etc.) and/or type of complex financial product."["适当性要求"或"适当性"包含了金融机构在销售产品过程中应该遵循的标准,这些标准用来衡量其销售的产品是否与投资者的客观实力及主观需求相符合。它涵盖投资建议、个人投资组合管理及销售意图(不论是否给予产品推荐)的全过程。投资者客观实力及需求的评估包含:投资者专业知识、投资经验、投资目标、风险承受能力、投资期限及对于特定产品的理解等方面。投资者适当性欲作为一个有功能性的、总括性的含义,此含义应适用于各金融机构的所有分销渠道,所有服务类型(投资建议、个人投资组合管理及其他投资类服务),且被各个监管机构及部门承认,并适用于所有类型的投资者(零售、机构、经验、专业)及所有复杂金融产品。]

3. 中国

我国投资者适当性制度相关规定首次出现在银行业监管文件中是在2005 年,当时中国银监会颁行《商业银行个人理财业务管理暂行办法》,要求商业银行在推介投资产品时应当"了解客户的风险偏好、风险认知能力和承受能力,评估客户的财务状况,提供合适的投资产品由客户自主选择,并应向客户解释相关投资工具的运作市场及方式,揭示相关风险"。遗憾的是,该办法的内容虽属典型的投资者适当性内容,但并没有出现投资者、适当性等字眼,具体原因不得而知。笔者猜测,一是继承传统,银行相关制度中无投资者定义,二是分业监管,不想也不愿意涉足另一监管机构(证监会)传统意义上的领域。

2016 年证监会公布的《证券期货投资者适当性管理办法》，首次明确了投资者适当性的内涵。办法第三条，虽然没有明确何为投资者适当性，但该条规定，实际上就是证券投资的投资者适当性。"向投资者销售证券期货产品或者提供证券期货服务的机构（以下简称经营机构）应当遵守法律、行政法规、本办法及其他有关规定，在销售产品或者提供服务的过程中，勤勉尽责，审慎履职，全面了解投资者情况，深入调查分析产品或者服务信息，科学有效评估，充分揭示风险，基于投资者的不同风险承受能力以及产品或者服务的不同风险等级等因素，提出明确的适当性匹配意见，将适当的产品或者服务销售或者提供给适合的投资者，并对违法违规行为承担法律责任。"

2018 年 4 月 27 日颁布执行的《关于规范金融机构资产管理业务的指导意见》，明确了投资者适当性管理要求：金融机构发行和销售资产管理产品，应当坚持"了解产品"和"了解客户"的经营理念，加强投资者适当性管理，向投资者销售与其风险识别能力和风险承担能力相适应的资产管理产品。禁止欺诈或者误导投资者购买与其风险承担能力不匹配的资产管理产品。金融机构不得通过拆分资产管理产品的方式，向风险识别能力和风险承担能力低于产品风险等级的投资者销售资产管理产品。金融机构应当加强投资者教育，不断提高投资者的金融知识水平和风险意识，向投资者传递"卖者尽责、买者自负"的理念，打破刚性兑付。可以说投资者适当性管理在我国迎来了质的飞跃。第一，该指导意见明确提出了投资者适当性管理要求；其次，投资者适当性义务主体涵盖了几乎所有金融机构，不再局限于证券期货机构，最后，从规定覆盖的金融产品看，包含所有的资管产品，不仅仅局限于证券期货。

4. 结论

通过以上分析，我们可以从三个维度来定义投资者适当性。

首先,投资者适当性调整的是投资者、金融机构以及监管当局三方的法律关系,而不仅仅是投资者与金融机构之间的关系。投资者适当性首先是一种监管标准或规定,监管机构要从保护投资者、确保市场公平、高效和透明以及减少系统性风险的监管目标出发,制定金融机构在投资者适当性中应当履行的义务及标准。

其次,投资者适当性是一个动态的产品与投资者的匹配度。包含三个方面:第一,合理依据规则,也就是"了解产品"规则,是指金融机构在向投资者推荐、销售产品时就意味着该金融机构已经对产品有了相当的认识,并且已经做过详细的调查因而有了合理依据才会推荐、销售;同时,也需要将产品的信息披露给投资者。第二,投资者特定适当性规则,又称"了解客户"规则,是指金融机构向投资者推荐、销售产品时,不仅意味着金融机构对产品已了解,金融机构同时也要确保所推荐的产品符合该特定投资人的状况和目的。这反映了一个最为普通的道理,就是投资决定的做出所依据的是做出投资决定的投资人自己的投资目的和投资需求。因此金融机构需要了解投资者的财务状况、投资目标、风险承受能力、投资经验、投资知识等和投资有关的信息。第三,产品与投资者是适配的。也即在了解产品、了解客户的基础上,做出最终的推荐、销售行为,将合适的产品销售给合适的投资者。产品和服务应当与投资者财务状况、投资目标、风险承受能力、投资经验、投资知识等匹配。

最后,投资者适当性离不开投资者本身的参与。投资者适当性的目的之一是保护投资者,但保护的实效也依赖于投资者本身。金融机构了解产品,投资者也应当了解产品,否则金融机构信息披露毫无意义;金融机构了解客户,也需投资者提供真实可靠的自身信息,否则了解投资者就成了无本之木、无水之源。另外,投资者也需要通过投资者教育,不断提升自己理解金融产品、防止销售误导和欺诈的能力。

2.2 投资者适当性理论基础

为什么会产生投资者适当性？其背后的理论基础是什么？本节介绍几种观点，并提出笔者认为的投资者适当性理论基础。

2.2.1 信义义务理论

信义义务（fiduciary duty/fiduciary obligation）是美国最主流的观点。

金融产品的特性，决定了普通投资者没有能力、精力去研究并达到专业人士的水准。因此，在投资复杂产品时，除非强制测试，只有通过相关测试并了解该产品方可投资，否则都需要依赖券商及其雇员（代理人）的专业意见。券商及其雇员（代理人），为了销售目标的达成以及在市场竞争中赢得一席之地，也乐意提供专业意见。这种相互作用，造成投资者对券商及其雇员（代理人）巨大的依赖性。基于这种专业性和依赖性，产生了券商及其雇员对投资者的信义义务。信义义务，在合同法和信托法中得到典型运用。除专属于衡平法规范的信托法外，衡平法并没有发展为完整的系统，只有依判例形成的信义法。信义义务一般是指受益人对受托人施加信任和信赖，使其怀有最大真诚、公正和忠诚的态度，为了前者的最大利益行事。同时，受托人有义务为了受益人的利益无私行动，并禁止不公平地利用对受益人的优势而损害受益人的利益。作为衡平法上基于信托制度的创造，信义义务的目的在于限制受托人的优势地位以及受益人对于受托人的控制度，进而给以受托人特定的义务。其本质在于对受信任的一方行为加以特别规范，以保护其他当事人的利益。为了说明在适当性原则下证券公司对投资者的信义义务，美国证券交易委员会在行政决定和裁决中，通过强调"卖者有责"，形成了代理理论（agency theory）、特殊境况理论（special circumstances，也翻译为"特殊情节理论"）和招牌理论（shingle theory），并以此作为投资者适当性的法理基础。由于美国证券交易委员会的专业权威性以及对其负责实施的证券法律及其配套规则具有优先介绍权，因此有着重要的影响。

1. 代理理论

代理理论认为，投资者与经纪商的基础法律关系是代理法律关系。代理法律关系，是指代理人按照被代理人的委托，在代理权限内，以被代理人的名义实施民事法律行为，被代理人对代理人的代理行为承担民事责任。这意味着代理人必须为委托人的利益行事，委托人同意代理人在其授权范围内进行决策，代理人有义务向委托人报告委托执行情况及执行过程中的重大情况和变化。经纪商是否为投资者的代理人呢？1934年美国《证券交易法》中关于经纪人的规定是"任何为其他人利益而对其交易行为施加影响的主体"，这可以理解为证券经纪商的注册代表就是投资者执行交易的代理人。作为代理人，就必须按照代理法的要求对投资者负有注意、忠诚和诚实的义务。投资者适当性对经纪商的义务要求，完美契合了代理人与委托人关系要求：注意义务、忠实义务及提醒义务。经纪商向投资者提供完整的产品信息；经纪商用自己的专业知识判断产品与投资者是否合适以保护投资者的利益；当产品和投资者不合适时，经纪商必须履行提醒和警示义务；不得欺骗投资者进而提供虚假信息；不得为形成佣金业务之目的，不考虑投资者的投资目的而诱权客户进行过多交易。代理理论特别强调经纪商在执行投资者买卖指令时，在认为产品不适合该投资者情况下，有义务予以警示。

2. 特殊境况理论

美国法院基于衡平法认为,处于特殊境况的主体应较一般境况下的主体承担更多的义务。这在英美信托关系下最为显著。而特殊境况理论就来源于英美信托法。英美信托法对于信托义务没有明确的界定,一般基于法官衡平的理念产生,因此英美法下的信托义务有很强的张力,即基于某种特殊境况,法官就可以确认信托义务的存在。典型的特殊境况就是,一方对另一方存在依赖且没有选择余地,而另一方意识并乐意接受这种依赖,在某些情况下还会追求被依赖,则被依赖一方应当承担信义义务。美国证券交易委员会认为,投资者与证券经纪商相比明显处于弱势地位,而且投资者在通过经纪商执行交易时,只能依赖经纪商,而经纪商乐于被依赖,且会通过各种方式使自己处于可以被相信和信赖的地位,以便为投资者提供证券投资推荐。按照信托法的基础,即便证券经纪商不是投资者的代理人,证券经纪商因处于被相信和信赖的委托中,必然要承担信托法上的信义义务。只有当证券经纪商处于被相信和信赖的地位,证券经纪商才有对投资者承担信义义务的前提;只要证券经纪商处于被相信和信赖的地位,证券经纪商就必须对投资者承担信义义务。这就要求证券经纪商必须为客户的最大利益行事,在了解产品和投资者的基础上,向投资者提出投资建议,而这正是投资者适当性对金融机构的义务要求。

3. 招牌理论

招牌理论来源于普通法上的挂出理论,即"the doctrine of holding out"。根据该普通法的规定,如果某主体对外表现出具有某种专业知识和专业技能,那么就应当承担与其表现出的知识和技能相适应的更高标准的谨慎义务。该规定适用于任何向客户提供专业服务或技能服务的主体。证券经纪商作为持牌机构,当然是专业服务和技能服务主体,应当以专业的水准对待投资者。当证券经纪商挂出招牌（hanging out a shingle），就应当明白自己的身份。挂出招牌，就意味着其具备与证券相关的专业性，并默示将会公平、公正对待所有的投资者。招牌理论要求证券经纪商根据专业知识评估投资者的财务状况和投资目标，根据评估结果提供专业的投资建议，且该专业建议是适当的。证券经纪商挂出业务牌照时，就被授予了履行投资者适当性义务的职责。

4. 信义义务的评价

信义义务及其附属的代理理论、特殊境况理论、招牌理论，皆由美国证券交易委员会提出或认可。其目的在于规范证券经纪商的行为，保护相对处于弱者地位的投资者，符合投资者适当性的内涵。其结合了合同法上的代理理论、信托法上的特殊境况理论以及普通法上的"the doctrine of holding out"，避免了任何单一理论基础的不足，分别强调证券经纪商"了解客户""了解产品""推荐适当性"。很好地解释了在代理时证券经纪商的注意和忠诚义务；在特殊境况下由于投资者处于弱势地位，赋予证券经纪商强势地位的当事人更多的义务，以此来平衡当事人双方的权利义务；以及赋予证券经纪商招牌的监管机构，可以依据监管规定介入投资者与证券经纪商的关系，防止经纪商欺诈或不当销售（虽然投资者不能以证券经纪商违反投资者适当性要求赔偿，但监管机构可以对经纪商进行处罚；而且法院可以按照欺诈规定对投资者进行司法救济）。

2.2.2 监管漏洞弥补理论

1. 主要观点

证券法专家武俊桥博士在《证券市场投资者适当性原则初探》一文中提出了该观点。监管漏洞弥补说认为，为了保护投资者利益，监管机构一般都规定了较为严格的信息披露制度。立法也规定了直接防止欺诈的极具扩张性的禁止欺诈条款。信息披露与防止欺诈是监管保护投资者的全部手段。投资者保护，应当包含投资决策前、投资时及投后全流程。信息披露制度属于事前保护，反欺诈规定属于事后救济。因此，需要一个制度解决投资者的"事中"保护问题，而投资者适当性，正好弥补了信息披露与防止欺诈只能事前和事后保护投资者、缺失事中保护的漏洞。

信息披露和反欺诈仍然不能完全消灭证券市场的不公平行为。同时，信息披露制度并不是防止欺诈和其他违规行为的最直接的手段，尤其是金融机构利用投资者专业知识不足但为了追求利益普遍贪婪的弱点进行不当销售。美国的"锅炉房"销售充分体现了这一点。"锅炉房"销售又称高压销售，是借助电话销售对被访者形成的高压。《美国证券监管法基础》一书再现了"锅炉房"销售的画面：一开始，是向 Kimball 公司拥有或可能购买的不同职业名单上的人（如医生、管道工人等）发送"推销函"，说明低价股票所提供的光明财务未来……然后，由称为"开局人"的销售人员开始打电话，"努力向潜在购买者推销"。随后，是更多与"公司新闻"有关的邮件，接着是"高压销售人员"电话这种致命的一击，高压销售人员形象地被称为"加载人"，其"努力增加股票的购买量"。①

美国《1933 年证券法》和《1934 年证券交易法》，确立了证券市场以法定信息披露制度作为对证券市场监管的基础手段和方式，把反欺诈条款作为对法定信息披露制度失灵的应对措施。法定信息披露制度作为证券市场投资者利益保护的基础，为投资者进行证券投资提供了较为充分的条件，保证了投资者的知情权，减少了证券投资的盲目性，提升了证券市场投资者的投资理念。但是，投资者如何知晓应当知晓的信息是关键。

---

① 参见路易斯·罗斯、乔尔·赛里格曼：《美国证券监管法基础》，法律出版社 2008 年版。

毕竟,法定信息披露制度仅是事前保护,仅为投资提供了充分条件。如何确保投资者在知情的基础上做出符合其自身条件的投资决策,除了机构履行披露义务外,更取决于投资者的识别能力。在"锅炉房"销售中,销售人员并未能向客户披露购买证券所涉及的风险,而且,推销的对象对证券的认知水平也参差不齐,很难想象,管道工人仅凭电话信息能清楚了解拟购股票本身的信息及股票风险。因此,直接的法定信息披露制度在某些情况下失效,投资者利益遭受侵害。

同时,基于证券市场产品结构的日益复杂和市场风险日益加大,投资者受制于认知水平、认知能力、投资经验及精力等,很难基于法定信息披露文件做出自主的投资决定。投资者要么自主盲目投资,要么基于对券商专业性的推崇和信赖,接受券商的建议,将投资决定建立在券商的投资推荐上。盲目投资可能产生投资风险,依据券商建议也可能遭受券商欺诈。而投资者适当性通过要求券商在充分识别投资者的基础上为投资者提供适合投资者并得到投资者认可的产品,这在投资者保护方面优势明显:一方面借助券商的专业性解决了投资者认知能力和水平有限的困境,另一方面也缓解了投资者通过寻求事后救济的方式进行权利保护的困难,为投资者做出知情的投资决策提供了制度保障,弥补了法定信息披露制度和反欺诈条款在监管上的漏洞。

2. 监管漏洞弥补理论评价

从投资者适当性起源来看,监管漏洞弥补说有其合理性。众所周知,投资者适当性起源于美国,经过近 80 年的发展,其间经历了自律规范——行政规章——自律规范的螺旋上升式发展。同时,作为判例法(所谓判例法,就是基于法院的判决而形成的具有法律效力的判定,这种判定对以后的判决具有法律规范效力,能够作为法院判案的法律依据)国家,美国法院的态度也至关重要。事实上,美国法院对投资者适当性的态度是不断变化的,其结果投资者基于适当性原则的救济经历了从诉讼走向仲裁的历程。因此,自律性是美国投资者适当性的核心。从这点看,投资者适当性的确弥补了监管漏洞。

但是,仅强调自律性并作为监管漏洞的弥补,缺陷也显而易见。2008年以来的金融危机已经给了教训。2008年以来的全球金融危机在重创各经济体金融业与实体经济时,也在微观层面上给无数中小金融投资者造成了惨重的损失,众多金融机构凭借"大而不能倒",得到了政府的救助,但广大中小投资者血本无归。香港雷曼迷你债更是其中的"典范"。而在中国香港,投资者适当性只在行政层面约束被监管者,并无法律约束力,没有将投资者适当性定为金融机构的法定责任和义务,因此金融机构不履行投资者适当性而侵害投资人利益,只会受到行政处罚和制裁,无需承担民事责任,投资人并不能以投资者适当性为由请求赔偿。所以,弥补监管漏洞,只能依赖于金融机构的自觉性,且并不足以保护投资者的利益。

另外,监管漏洞弥补说忽视了投资者本身在投资者适当性中的义务。投资者适当性调整的是投资者、金融机构、监管三者之间的法律关系,弥补监管漏洞,解决了监管缺失、机构的自律。但投资者本身也至关重要,即使金融机构完全履行信息披露且无欺诈和销售误导行为,但投资者不积极参与适当性,金融机构"了解客户"也无从谈起,最终受损的仍然是投资者。

2.2.3　信赖保护理论

1. 主要观点

信赖保护理论由张付标博士在其博士论文中提出。按照民法理论,"在依常态法或正统法当事人所实施的法律行为不应具有法律效力的场合,受表意人的意思表示或所表现出来的权利外观,为一定行为或不为一定行为,以致发生信赖损害,为了使受表意人不致因信赖而遭受损害,令当事人承担法律行为有效的法律后果,为信赖法则的核心思想"。①归纳起来,信赖保护理论的要点是:一是信赖利益保护适用于法律行为依法应无效的场合,或者存在违法授益性行政行为的场合,一方当事人付出了信赖。二是信赖需确定、合理,值得保护。亦即一方当事人基于对另一当事人的信任,而为法律行为或采取处分行为,且信赖与行为结果之间具有因果关系。三是信赖保护的结果是付出信赖的一方受到法律保护,旨在维护社会秩序的稳定。而投资者适当性与信赖保护大同小异。该观点的核心是,信赖保护源自诚实信用原则,但严于诚实信用要求;对于处于弱势地位的投资者信赖的保护亦具有弱者保护的特征,体现了公平原则;同时,要保护投资者的信赖,就必须加强对证券公司行为的监管,引入证券监管。从根本上解释了投资者适当性是对处于弱势地位的投资者的信赖利益的保护。

2. 信赖保护理论评价

信赖保护理论,从民法的角度对投资者适当性进行思考,值得借鉴。无论在专业知识和专业技能上,投资者和金融机构之间的差距有多大,但从法律关系而言,投资者与金融机构之间的关系,属于平等主体之间的法律关系。而民法正是调整平等主体之间财产关系和人身关系的基本法。之所以要强调平等主体之间的法律关系,是因为投资者适当性的目的,不仅仅只保护投资者,市场的活跃也是投资者适当性应当考量的因素之一。只有市场的繁荣,投资者才能持续投资并获取收益,才是终极意义上的投资者保护。

---

① 参见张付标:《证券投资者适当性制度研究》,对外经贸大学博士学位论文,2014年。

同时,和监管漏洞弥补理论一样,信赖保护理论也没有注意到投资者"买者自负"。虽然买者自负的前提是"卖者尽责",但没有"买者自负",只强调"卖者尽责"也有失偏颇。既然是平等主体之间的法律关系,而且投资合同属于双务合同,则双方当事人都应当履行自己的义务。只有履行了自己应该履行的义务,其利益受损时法律才应当予以救济。

2.2.4 信息不对称理论

1. 主要观点

中国互联网金融协会在其《大数据与投资者适当性管理》研究报告中指出,投资者适当性制度的理论基础是信息不对称。信息不对称理论是指在市场经济活动中,各类人员对有关信息的了解是有差异的;掌握信息比较充分的人员,往往处于比较有利的地位,而信息贫乏的人员,则处于比较不利的地位。信息源、信息数量、信息质量、信息时间、信息处理能力是信息不对称的主要原因:交易者获取信息来源不同,能从源头获取信息的一方处于优势地位;获得较多数量信息的一方处于优势地位;获得较高质量信息一方处于优势地位;先获得信息的一方处于优势地位;即使在信息源、信息数量、信息质量、信息时间无差异,但因知识、经验等的差异,分析、处理信息能力强的一方比分析、处理信息能力弱的一方处于优势地位。

该理论认为,市场中卖方比买方更了解有关商品的各种信息;掌握更多信息的一方可以通过向信息贫乏的一方传递可靠信息而在市场中获益;买卖双方中拥有信息较少的一方会努力从另一方获取信息;市场信号显示在一定程度上可以弥补信息不对称的问题。信息一般划分为本体论信息和认识论信息两种最基本的类型。一个事物的本体论信息,就是这个事物的运动状态及其变化方式,认识主体关于某个事物的认识论信息,就是认识主体基于自身知识和经验,对事物运动的状态及其变化方式所能感受到的内容,包括这种状态和方式的形式、内容和效用。

在投资金融领域,除了一般的信息不对称外,还有两方面对投资者更为不利。一方面,金融机构主导信息,单方宣传和推介。随着金融创新,金融产品种类众多,交易结构复杂,金融机构不向投资者充分解释,加上投资者本身专业知识薄弱,导致自然人投资者很难真正理解金融产品与服务的结构和运行情况,投资者只能依赖金融机构单方提供的信息进行决策。另一方面,在投资购买完成后,投资者不能真正把握和控制资金的动向,完全取决于金融机构的运作,金融机构运作的信息,要么是事后披露,要么根本不披露。

传统经济理论认为,买者自负是市场经济的基本法则。如果合同的达成确实是双方真实意思表示和体现,那么在金融产品的交易中,只要投资者是自愿与金融机构订立合同,从金融机构的角度出发,其有权追求最大限度的自身利益,而没有义务保证投资者所做出的是正确的投资决策。而金融正是信息不对称的产物,因而许多国家均出台了相应的投资者适当性制度以保护投资者的合法权益。

2. 信息不对称理论评价

信息分为两类,一类是科学知识,即被组织起来的知识,在书籍中可以得到;一类是特定时间和地点的知识,为处于当时和当地的人所拥有。特定时间和地点的知识是由每个人所掌握的可以利用的独一无二的信息,只有掌握此类信息才能造成信息不对称。同时,除了信息渠道外,信息处理能力也会导致信息不对称。金融机构相对于投资者而言,确实掌握了可以利用的独一无二的信息;同时,金融机构具有的专业性,也比个体投资者拥有更强的信息处理能力。信息不对称而产生的逆向选择和道德风险对市场行为产生的负面影响,以及由此而造成的市场效率低下都是客观存在的,因而必须采取一定的手段对其加以控制,确保市场的有效运行。就投资市场而言,为解决信息不对称,要求金融机构进行充分的信息披露以及帮助投资者进行信息处理实属必要。从这点上看,投资者适当性符合信息不对称理论。但信息不对称理论不能解释投资者适当性中金融机构对客户了解、对产品了解的义务,如果金融机构和投资者对产品都不了解,是否意味着在产品信息上,二者就不存在信息不对称?而且,信息不对称存在于经济活动的方方面面,为何单独有投资者适当性?因此,信息不对称理论也只能部分解释投资者适当性。

2.2.5　合同关系与特殊行业理论

这是笔者对投资者适当性的理论解释。

1. 投资者与金融机构的关系是平等主体之间的合同关系

当事人之间的法律关系决定了双方的权利和义务,以及法律关系中解决利益冲突的制度。正确界定投资者与金融机构间的法律关系是基础。法律关系分类之一是按法律关系主体是否平等区别为纵向(隶属)的法律关系和横向(平权)的法律关系。纵向(隶属)的法律关系是指在不平等的法律主体之间所建立的权力服从关系。其特点是:第一,法律主体处于不平等的地位。第二,法律主体之间的权利与义务具有强制性,既不能随意转让,也不能任意放弃。横向法律关系则是指平权法律主体之间的权利义务关系。其特点在于,法律主体的地位是平等的,权利和义务的内容具有一定程度的任意性。投资者不隶属于金融机构,金融机构也不隶属于投资者,二者在法律上处于平等地位。平等地位的法律关系调整,属于"私法"范畴,决定了金融机构虽然是特殊持牌机构,可以从事一般机构不可以涉足的某些特殊领域，但和投资者交易时，并不能因此而享有某些特权，必须公平对待投资者。

法律关系产生、变化、消亡的进程，会带来不同的利益冲突，人类社会通过制度的变革来解决利益冲突。著名的法理学家博登海默曾说过，"认识所涉及的利益，评价这些利益各自的分量，在正义的天秤上对他们进行衡量，以便根据某种社会标准去确保其间最为重要的利益的优先地位，最终达到最为合理的平衡。"[①]法律关系的变化会导致新的利益冲突，需要重新调整当事人之间的权利义务分配以使利益重现均衡。投资者与金融机构的法律关系，并非自古存在，当作为一种新的法律关系出现时，平衡双方的利益冲突就成为必然。而逐步演进、完善的投资者适当性，巧妙地解决了两者的利益冲突。

2. 合同是约束投资者与金融机构关系的基础

投资者与金融机构的法律关系的载体是合同。在传统合同理论下，当金融机构和客户进行交易时，金融机构有权为自己争取最佳的交易条件，并无义务保证客户必然会做出正确的投资决策，投资者买者自负是市场经济的基本法则。当事人通过合同约定双方的权利义务，必须按照合同的约定履行自己的义务，否则构成违约，承担违约责任。

合同义务主要是合同当事人约定的义务，但现代合同法上的合同义务来源多样化，导致违约责任概念的改变。传统合同法认为仅仅只是当事人约定的义务才能称为合同义务，违反约定的义务才是违约责任。现代合同法认为，以下两种义务也是合同义务：一是法律规定的当事人必须遵守的强行性义务；二是附随义务。

各国立法对附随义务并没有明确规定涵义，一般认为，附随义务是法

---

① 参见博登海默：《法理学：法律哲学与法律方法》，中国政法大学出版社 2004 年版。

律无明文规定，当事人亦无明确约定，为了确保合同目的的实现并维护对方当事人的利益——主要是人身和财产利益，遵循诚实信用原则，依据合同的性质、目的和交易习惯所承担的作为或不作为的义务。附随义务包括先合同义务、合同履行中的附随义务、后合同义务。这种附随义务的范围涉及合同的订立、履行、变更和终止的整个过程。先合同义务、合同履行中的附随义务、后合同义务虽然在一些方面存在差异，但它们在维护合同当事人的利益，实践诚实信用原则，保护交易的安全性和稳定性上更多体现的是一种共同性。因此应将其统一在附随义务的涵义中，以构建完整的现代合同法义务群。在合同义务群中，给付义务是合同义务的核心。

区别附随义务与从给付义务，应以能否独立以诉请求履行为判断标准，能够独立以诉请求的为从给付义务，不能够以诉请求的为附随义务。换言之，从给付义务是可以请求履行的，与此不同，对于附随义务通常仅发生请求损害赔偿之问题。

附随义务种类很多，就其功能而言，可以分为两类：第一，促进实现主给付义务，使债权人的给付利益获得最大可能的满足（辅助功能）。第二，维护对方当事人人身或财产上的利益（保护功能）。

附随义务在我国《合同法》中也有体现。《合同法》第四十二条规定："当事人在订立合同过程中有下列情形之一，给对方造成损失的，应当承担损害赔偿责任：（一）假借订立合同，恶意进行磋商；（二）故意隐瞒与订立合同有关的重要事实或者提供虚假情况；（三）有其他违背诚实信用原则的行为。"第四十三条规定："当事人在订立合同过程中知悉的商业秘密，无论合同是否成立，不得泄露或者不正当地使用。泄露或者不正当地使用该商业秘密给对方造成损失的，应当承担损害赔偿责任。"第六十条规定："当事人应当按照约定全面履行自己的义务。当事人应当遵循诚实信用原则，根据合同的性质、目的和交易习惯履行通知、协助、保密等义务。"

投资者与金融机构通过合同约定,明确了双方的主义务,主要是金钱与产品给付义务。而金融机构的其他义务,尤其是投资者适当性中的义务,则属于附随义务。同样,在金融机构对投资者进行评估、了解时,投资者提供相应的信息,也属于附随义务。

同时,合同可撤销机制,同样适用于投资者适当性。合同撤销是指当事人对合同的内容有重大误解或显失公平,可以经利害关系当事人请求,撤销该合同,使其已经发生的法律效力归于消灭。撤销机制,可以督促金融机构尽可能向投资者详细、真实地披露信息,避免投资者因重大误解而要求撤销合同。

3. 金融行业特殊性要求特别监管

仅就投资者与金融机构关系而言,作为平等主体之间的民事法律关系,不涉及监管机构。但投资者适当性规范的是投资者、金融机构、监管机构三者之间的关系。这和金融行业的特殊性相关。

笔者认为,金融行业的特殊性主要体现在三个方面。

(1) 金融是特许经营行业。

行业特许经营权是指特许人授权受许人对特定行业的产品、商标、专利、专有技术和经营模式等进行经营的权利。金融是典型的特许经营行业,由代表国家的监管机构对相关组织进行授权,不得无证经营或超越范围经营。

(2) 金融产品、投资者的特殊性。

一方面,金融产品较之普通商品而言具有若干特殊性。首先,和一般商品相比,金融产品具有无形性,没有可供评定其价值的外形和质地等要素,投资者的交易判断完全依赖于金融机构单方面提供的相关信息。其次,金融产品具有较高的专业性壁垒,普通投资者缺乏相关的专业知识,专业水平不够。再次,金融产品对投资者的风险意识要求高,如果缺乏必要的风险意识,容易遭受损失。

另一方面,投资者与一般买卖合同主体相比,交易弱势特点更为突出,需要对弱者进行特别保护。金融产品的无形性、专业性、高风险性等特点,使得投资者在交易中处在严重的信息不对称状态。投资者在知识水平、信息收集与处理能力、交涉能力、经济承受能力等各方面与金融机构之间存在巨大的差距,仅靠自身的力量,很难正确有效地把握金融产品的重要信息和规避不适当的风险。

金融市场上交易信息高度不对称,加之交易双方力量差异悬殊,使得投资者很难实现与金融机构之间的公平交易。在这种情况下,就需要第三方监管部门利用公权力对金融机构的宣传、推销和劝诱行为进行监管,维持力量均衡。

(3)金融风险的特殊性。

金融风险的基本特征有以下几个:

① 不确定性:影响金融风险的因素难以事前完全把握。

② 相关性:金融机构所经营的商品—货币的特殊性决定了金融机构同经济和社会是紧密相关的。

③ 高杠杆性:金融企业负债率偏高,财务杠杆大,导致负外部性大,另外金融工具创新,衍生金融工具出现等也伴随高度金融风险。

④ 传染性:金融机构承担着中介机构的职能,割裂了原始借贷的对应关系。处于这一中介网络的任何一方出现风险,都有可能对其他方面产生影响,甚至发生行业的、区域的金融风险,导致金融危机。

金融风险的特殊性,尤其是相关性和传染性,决定了要对金融领域进行特别的监管。央行行长易纲在 2018 年金融街论坛年会上表示,金融业要加强依法金融监管,坚持持牌经营。放任其发展,就会产生系统性风险,最终给行业、经济、社会的发展和稳定造成巨大的伤害。投资领域的经验教训不可谓不多。所以,投资者适当性需要监管的参与。

总之,笔者认为,合同关系与特殊行业理论是投资者适当性产生和发展的理论基础,平等的法律关系决定了投资者与金融机构之间是公平交易而不是强制交易,合同义务要求金融机构按诚实信用原则全面履行合同主义务和附随义务,而金融的特殊性,决定了必须引入监管。

2.3 投资者适当性目的与价值

任何规则和制度的产生、发展和完善,都是为了实现一定的目的和功能。投资市场是一个有风险的专业化市场,各种产品风险特征千差万别,而投资者在专业水平、风险承受能力、风险收益偏好等方面也存在很大不同,投资者适当性正是基于两者的差异性,通过要求经营机构履行必要的义务,减少信息不对称,从而为投资者提供适当的产品或服务的针对性措施。可以说,投资者适当性是投资市场重要的基础性制度之一。通过该项基础性制度,可以实现三个主要功能:保护投资者、平衡金融生态、防止和减少金融系统性风险。

2.3.1 保护投资者

1. 投资者保护理论

投资者保护是指法律对投资者的保障程度以及相关法律的有效实施程度。国际证监会组织把投资者保护定义为:投资者一定能够受到保护,以免被误导、操纵或者欺诈。投资者可以依赖两种保护机制:一是国家层

面的制度机制,二是机构层面的政策机制。投资者保护分为三大流派:

(1)契约论。契约论的学者认为,投资者通过和金融机构签订合同就可保护自身合法利益,因此,政府只需保证合同执行即可。

(2)法律论。主要观点是法律在投资者保护方面至关重要,是决定投资者保护水平差异的最重要因素。法系差异决定了投资者保护水平差异,进一步,法律规则的变化提高了投资者保护水平和能力。

(3)法律不完全论。主要观点是法律是不完备的,落后于现实,在某些领域,没有法律规范,对该领域、社会并不造成影响;但在某些特定的领域,如果没有及时以法律制度予以规范,将会对整个行业和社会带来巨大的冲击,此时,需要有特定的监管机构根据利益平衡、社会影响等因素予以介入,金融领域就是典型。

笔者认为,法律不完全论属于法律论的一部分,因为法律不是一成不变,需要随着经济社会关系的发展而变化,英美法系的衡平法、我国的司法解释就证实了这一点。投资者适当性对投资者的保护,归属于法律论。

2. 投资者适当性对投资者的保护

大多数投资者并不具备专业的金融知识和丰富的投资经验,而金融产品相对复杂,投资者很难有效选择与自身相适配的产品。同时,金融机构为了追求利润,从业者为了更多的佣金,将产品顺利销售是最终考量;没有或较少考虑产品的复杂性、风险度是否与投资者本身的风险承受能力相适配,造成低风险承受能力投资者购买了高风险的产品,金融投资者的利益受到损害。因此,需要运用投资者适当性对投资者进行特别保护。

(1)投资者适当性要求金融机构确保投资者的知情权,不得提供虚假信息。

当投资者尤其是中小个体投资者面对金融机构时,虽然数量庞大,但却是实实在在的弱势群体。与金融机构等相比,广大中小投资者存在着经济实力不对等、信息不对称等问题。这就要求通过制度规则依法保护中小投资者的知情权。

（2）投资者适当性要求金融机构评估投资者，提供产品与投资者适配建议，不得诱导和欺诈。

投资者在产品风险认知与承受能力等方面处于弱势，需要规定金融机构履行相关义务，帮助投资者识别风险，减少超出其风险承受能力的损害。

（3）投资者适当性要求金融机构履行投资者教育义务，提升投资者专业水平。

在众多的中小投资者中，部分人在自我保护的知识、能力、意识上处于较低的水平，因此，也就更容易受到侵害。这就要求加强对投资者的教育。通过投资者教育活动，强化投资者的专业意识、责任意识、风险意识和自我保护意识。

总之，相对于金融机构，无论是专业能力、获取和处理信息的能力以及纠纷发生后维权救济的能力，投资者都处于弱势地位。从繁荣市场、追求弱者保护价值的角度看，保护投资者是投资者适当性的第一要务。投资者适当性就是投资者进入投资市场的第一道防线，是中小投资者的保护伞。同时，投资者适当性通过投资产品的分级对投资者进行分层管理。由于不同层级的客户有着不同的投资习惯和特征，投资者分层有利于改变过去同质竞争的格局，使得同一层级中金融产品的提供者更加集中，金融产品的消费者更加均衡，从而促进市场的有效竞争。金融产品和投资者分层以后，不同层级产品的风险特征更加清晰，便于及时发现风险隐患和有针对性地开展风险管理，同时分层也有利于阻断风险在不同产品之间的传递。

2.3.2　平衡金融生态

1. 金融生态

（1）定义。

金融生态是指在外部环境中各金融机构利用自身调节机制不断寻求平衡的一个动态过程。即是指金融业与其生存和发展的外部环境之间，通过自身调节机制相互影响、相互作用的动态平衡系统。

（2）特征。

金融生态具有以下几个基本的特征：

第一，金融生态具有相关性。相关性是指金融生态的各种要素之间相互关联。资金提供者、需求者与金融机构之间的紧密联系及其相互交易，维持着金融系统的日常。除了金融生态各要素直接相互关联外，还与外部环境相互关联，外部环境的好坏也直接影响金融生态。

第二，金融生态具有适应性。金融生态和自然界一样，金融生态要素之间、金融生态与外部环境之间通过相互作用而形成一定的生态平衡。一方面，外界环境条件的不同会引起金融生态的差异；另一方面，金融生态为适应不同的环境条件也必须不断调整自己。

第三，金融生态的要素之间具有相互依存性。一是金融活动主体之间的相互依存性，资金提供者和资金需求者互相依存；同时，资金提供者和资金需求者是金融机构得以存在和发展的基础。二是金融发展对其外部环境的依存性，金融的良性运行与发展，依赖于适宜的法律环境、健康的经济环境、良好的社会环境和宽松的政策环境。

第四，金融生态具有进化性。金融生态与自然生态一样，有一个进化的过程。金融生态逐步朝着更复杂、功能更强大的方向变化。首先是自发的金融活动,没有国家或行业的管制,自发的金融活动通过系统内部的自调节功能可以在一定程度上达到系统的平衡。随着经济、社会中各种新生因素的出现,金融系统自我调节功能的有效性逐渐遭到削弱,金融生态原有的平衡也随之被打破。这个时候,为规范金融关系和金融行为,防范金融风险和危机的发生,国家就制定相关的金融法律法规和政策,对金融进行调整,以恢复金融生态的平衡。应当说,监管部门对金融生态的平衡发挥着十分重要的作用。

2. 投资者适当性与金融生态

从金融生态的要素和特征看,良好的投资者适当性能很好地平衡金融生态。

首先,对监管部门而言,经营机构适当性管理水平和投资者适当性意识的提升,有利于依法、从严、全面加强对市场的监管,形成有效的市场监管体系;还可以通过适当性制度,将监管要求和压力有效传导到一线经营机构,督促其重视和落实保护投资者合法权益的责任,促进市场健康发展与社会和谐稳定。

其次,对经营机构而言,通过执行了解评估投资者和产品、匹配销售、加强内部管理等适当性安排,能够促使经营机构规范自身行为,有效管理风险,优化投资服务,提高差异化竞争能力,有助于行业健康发展。

再次,对投资者而言,金融机构主动履行投资者适当性义务要求,保证了投资标的风险等级与投资者的财务状况、投资目标、风险承受能力相匹配,投资者的利益得到有效保护,投资信心进一步提升,会持续投资,为资金需求者的生存和发展增加了动力来源,在此过程中投资者自己也获得了收益,市场良性发展。同时,如果金融机构不履行投资者适当性义务要求,监管机构可以及时介入或事后行政处罚,防止投资者地位持续恶化及利益遭受侵害,保证投资者与金融机构之间的生态系统再平衡。

最后,投资者适当性有利于金融效率与金融公平的平衡。投资者适当性的基础是"适当"而非"绝对"。适当意味着金融机构在履行对投资者的评估、推荐、提示等义务时需尽合理的注意义务,不是穷尽一切可能性和一切方法、手段。投资者与金融机构的合同关系要求机构对投资者的保护也不是无条件、"一边倒"地保护弱者,需要均衡好金融机构与投资者之间的利益,更要注意并维护好整个金融市场的效率。投资者与金融机构之间的利益均衡发展,是现代金融市场的发展方向。在金融机构"卖者尽责"前提下,"买者自负"原则依然发挥其基础性的作用。在有效监管下,两者可以和谐共处、并行不悖。因此,不能只强调投资者保护而忽略了市场本身的价值规律,以及市场本身的效率。

2.3.3　减少金融系统性风险

1. 系统性风险

(1) 定义。

金融系统性风险需从几个方面来定义和理解。从风险范围的角度来看,系统性风险是威胁整个金融体系,而不是威胁单个金融机构稳定性的风险;从风险作用方式角度看,系统性风险是由于金融机构资产价格异常,或负债结构恶化,影响了金融市场发挥基本功能,使其不堪一击的可能性;从风险的扩散角度看,系统性风险是一个事件引起系统中一系列连续损失的可能性。总之,系统性风险里面的"系统性"共包含两方面的意义:一方面,指单个事件影响到整个金融系统的正常运作;另一方面,该事件还影响到看似不相干的第三方。

(2) 特征。

系统性风险的主要特征可以归纳为以下几个方面:积累性、外部性、传染性、与实体经济关联性、与投资者信心有关和与金融体系结构有关六大特征。

积累性。风险在金融机构个体层面和整个金融体系层面长时间积累后，系统性风险会暴露，有一段潜伏期。就金融机构个体而言，外部市场因素和其他机构的风险外溢可以通过各种途径影响到某家金融机构，给该机构的正常经营造成一定困难，并在机构内部累积直到该机构破产或倒闭；就整个金融体系而言，系统性风险会随着单个机构风险暴露的增加以及市场结构的变化而累积，在达到一定程度后造成全面性的金融系统危机并造成严重损失。

外部性。外部性影响可以看作是系统性风险的最基本特征之一。外部性是指某个单一主体的某项经济活动给同一社会环境中其他成员造成的收益（正外部性）或损失（负外部性），而自己却没有补偿或支付成本。系统性风险的负外部性特征是金融机构个体的市场行为给其他金融机构或金融体系带来的风险溢出，并在系统危机爆发以前不必为此付出代价。而当危机来临，金融体系的崩溃会让每个金融机构都付出巨大代价。当然，系统性风险的外部性是相对的，当某个金融机构进行逆向选择有利可图，同时没有有效监管予以及时纠正，大多数同类金融机构也会做出同样的选择，最终共同促成系统性风险爆发，"雪崩时，没有一片雪花觉得自己有责任"，次贷危机就是典型。

传染性。系统性风险的传染和扩散是其最主要的特征之一。风险从一家金融机构通过多种渠道传染到其他机构或其他行业体系，这种系统性风险负外部性的传递正是对金融系统造成破坏力的源头。

与实体经济的关联性。系统性风险与实体经济之间的关联性在于相互的作用。金融体系的危机和风险会通过信贷、资本市场等多种渠道给实体经济带来负面打击，而实体经济中出现的问题也会成为金融机构或行业系统性风险的触发因素。这种实体与金融之间的互相影响和传染有可能成为阻碍经济增长的不稳定因素。

与投资者信心的关联性。信心被认为是度过金融危机的重要因素。投资者信心丧失引发的银行挤兑、资产抛售、价格波动、流动性枯竭等问题是风险传染扩散的重要原因,因此稳定投资者的信心至关重要。

与金融体系结构的关联性。金融体系结构涵盖了金融市场结构、业务结构以及监管政策体制等多方面内容。有研究认为,相对于分业经营的金融体系来说,混业经营的金融体系发生系统性风险的概率更大;另外相对于完全市场结构的银行体系来说,非完全市场结构的银行体系发生系统性风险的概率更高。

2. 投资者适当性与系统性风险

投资者适当性可以降低系统性风险产生和爆发的可能性。中国证券业协会认为,2008 年国际金融危机得出的一个重要教训,就是要建立健全投资者适当性管理制度,加强对投资者适当性的管理。

首先,落实了投资者适当性,则投资者购买的投资产品,大多应当是与自己的财务状况、投资目标、风险承受能力等相适应的,即合适的人购买了合适的产品。这样即使某个投资出现了风险,但因风险与自己的承受能力相适应(这里的相适应,既应当是主观上的,即坦然接受风险或损失,也应当是客观上的,即该投资风险不会加重履行其他义务的财务负担),投资者具备了化解该投资风险的能力,就投资者个体而言,不会积累投资风险。

金融市场非理性,更可以通过投资者适当性得以缓解。现实世界中的金融市场中金融资产的价值是随着信息的披露和经济周期大幅波动的,这是因为市场的参与者并不都是理性交易者,他们的投资行为经常会表现出“羊群效应”,也就是说一些市场参与者的投资决定可能并不是根据其个人利益最大化做出的,而是参考其他市场参与者的投资决定而做出的。这种羊群效应会让金融市场中金融资产的价格大幅波动,在经济上行时期,金融市场繁荣,市场参与者投资需求旺盛,引起金融资产过度投机,导致金融资产价格偏离其真实价格,产生资产泡沫;当经济开始下行,金融市场萧条,市场不景气,则投资者普遍对前景看衰,开始抛售资产。一旦很多人都开始跟风抛售资产,就会导致资产价格的严重下跌,最终造成市场流动性枯竭,引发系统性危机。如果真正落实投资者适当性,即使不能消灭非理性,也可以让"跟风""羊群效应"的影响少一些。

其次,落实了投资者适当性,金融机构可以降低自己是系统性风险外部性影响主体的可能性。

如前所述,系统性风险的负外部性特征是金融机构个体的市场行为给其他金融机构或金融体系带来的风险溢出。因此,单一金融机构履行法定义务,确保自己不产生风险,或者即使产生了风险,保证风险可控而不对外溢出,就能降低系统性风险产生和爆发的可能。投资者适当性,主要内容是对金融机构义务的约定,金融机构全面、真实履行投资者适当性要求的义务,一定能在投资领域降低风险,从而降低金融体系统性风险。

最后,投资者适当性是监管机构对金融机构有效监管的手段之一。

有效金融监管是防止系统性风险的主要手段。系统性风险的存在可能使完全自由的市场机制威胁金融、经济的整体发展。弥补完全自由的市场机制的这一缺陷,主要依靠强有力的监管部门。迫使微观主体将系统性风险考虑在内,正是金融监管者的责任;监管当局的风险管理越严格,私人部门的成本就越高,就越能将系统性风险的外部性内化。投资者适当性,赋予了监管机构对金融机构履行投资者适当性义务监督管理的权力和职责,对于不适当履行的,监管机构可以动用行政处罚权,对金融机构予以处罚、制裁,可以降低在投资领域金融机构的欺诈和误导,有利于防止系统性风险发生。

第 3 章
投资者适当性在相关国家的实践

对我国而言,投资者适当性是"舶来品",该制度最早是从美国证券市场产生和发展起来的。了解主要国家和地区投资者适当性的核心规则及具体做法,有助于对投资者适当性的系统认知并提炼出相关规律,为我国制定、完善投资者适当性制度提供借鉴,不走或少走弯路,将投资者适当性的功用发挥到极致。

3.1 美国投资者适当性制度

3.1.1 美国投资者适当性制度发展历史

投资者适当性制度起源于美国,有 70 多年的发展历程,经历了一个由最初的自律规范,发展到纳入监管体系并由司法加以确认,最终形成自律、监管、仲裁和司法多层级联动的专业监管体系的过程。适当性原则最初只是规范证券经纪商及其员工行为的商业道德。20 世纪 30 年代的大萧条促使人们反思,认为资本市场产品提供方未能遵守商业道德和操守,向投资者提供了超越其风险承受能力的产品和服务,在销售过程中存在销售误导,甚至是欺诈,给整个行业和市场造成了巨大的伤害。作为对此的回应,产生了美国 1933 年的《证券法》和 1934 年的《证券交易法》。1934 年《证券交易法》第 15A 条规定,证券经纪商和交易商的协会可以为公共利益或保护投资者之目的而制定相应规则,防止欺诈和操纵行为的发生。此后一些证券交易所及自律组织先后采用了适当性规则来规范经纪商的行为。

1. NASD 的适当性规则

1938 年《马罗尼法》(The Maloney Act of 1938,即 1934 年《证券交易法》第 15A 条的修正案)设立了全美证券交易商协会(National Association of Securities Dealer,NASD)。当时设立协会的主要目的之一是加强场外市场的自律管理。NASD 为了确保场外市场证券交易的公平和有序,制定了一系列规则,其中就有投资者适当性原则。该项原则作为一项道德规范提出,无法律约束力,证券经纪商违反该规则将受到 NASD 的自律处罚,但不会受到法律制裁。NASD 在公平行为规则(the Rule of Fair Practice)第 3 条第 2 款中规定:"协会会员推荐客户买、卖或交换任何证券时,必须有合理的依据相信其推荐是与客户所披露的情况相适应的,这些情况包括客户持有的其他证券、财务状况及需求。"这就是所谓的适当性规则,该规则的目的在于保护欠缺经验的公众公司投资者免受某些不道德证券交易专家不正当行为的侵害。但这一原则在 20 世纪 60 年代之前并没有引起足够的重视,功能未能发挥。到 20 世纪 60 年代,由于欺诈性泛滥,投资者适当性规则开始受到广泛关注,美国证券交易委员会在 1963 年的报告中指出,"适当性(suitability)作为一个特定的原则,基于联邦证券法的反欺诈条款,会引起法律责任(legal duty);并且在自律组织规则中,承担道德责任(ethical duty)"。经过发展,NASD 形成了著名的 NASD 投资者适当性规则,规则包括 Rule2310(a)、

Rule2310(b)、Rule2310(c)以及三个相关解释。

2. NYSE 的适当性规则

除了 NASD 的 Rule2310 外,纽约证券交易所(New York Stock Exchange,NYSE)Rule405 也被认为是投资者适当性自律规范。Rule405 没有直接引用"适当性",而是"了解你的客户"规则。该规则要求券商"勤勉地获得每位客户每项指令的关键事实(essential facts)"。事实上,NYSE Rule405 规则本意是要帮助会员排除不诚实或者不具有偿付能力的投资者,但是该规则逐渐演化为交易所自律组织层面客户适当性原则的重要依据。

3. 美国投资者适当性管理的新变化

2007 年 7 月,由 NASD 和 NYSE 合并发起成立了美国金融业监管局(Financial Industry Regulatory Authority,FINRA),该机构是美国最大的证券业自律监管机构。FINRA 成立后,将 NASD 和 NYSE 的自律规则整合成新规则。2012 年 7 月,FINRA 的 Rule2111 和 Rule2090 取代了 NASD 的 Rule2310 和 NYSE 的 Rule405,逐渐形成了新的统一的适当性规则体系。2010 年美国发布《多德—弗兰克法案》,进一步提升了认可投资者标准和投资者适当性管理义务,对认可投资者的自然人净值标准做出新的解释,提高了认可投资者的标准。

4. 美国法院对投资者适当性的影响

美国是判例法国家,法院判决对相关制度影响巨大。所谓判例法(Case Law),就是基于法院的判决而形成的具有法律效力的判定,这种判定对以后的判决具有法律规范效力,能够作为法院判案的法律依据。其基本原则是"遵循先例",即法院审理案件时,必须将先前法院的判例作为审理和裁决的法律依据;对于本院和上级法院已经生效的判决,如果再遇到与其所处理过的问题相同或相似的案件,在没有新情况和提不出更充分的理由时,就不得做出与过去的判决相反或不一致的判决,直到将来某一天最高法院在另外一个同类案件中做出不同的判决为止。在投资者适当性方面,美国法院的态度也有一个变化的历史过程。最核心的影响是投资者救济,引起了"投资者基于适当性规则的救济从诉讼走向仲裁的历程"。

最初,投资者基于适当性规则寻求法院救济时,法院基于的是违反反欺诈条款,投资者需要证明证券经纪商进行了欺诈。结果是投资者很难获得赔偿。美国法院曾经一度拒绝将违反自律组织适当性规则,作为投资者起诉经纪商的唯一理由,即违反适当性原则,不能成为请求权的基础,除非同时违反了反欺诈条款,诉讼请求权才能成立。在后来的判决中,法院承认了不适当推荐并同时存在虚假陈述或重大遗漏(违反适当性),需要承担法律责任。1987年美国联邦最高法院的一则判例确定,几乎所有的投资者适当性问题的争议,都必须通过NASD(后来为FINRA或NYSE)的专业委员会仲裁解决。

从美国法院的态度看,投资者适当性是自律性规则,只能是自律组织处罚的依据,并不具备法律上效力。在美国,投资者适当性原则体现在各类法规和自律规则中,与"事前"保护的信息披露制度、"事后"救济的反欺诈条款并列,成为"事中"保护环节的核心措施。

3.1.2 美国投资者适当性制度主要内容

1. 客户适当性

Rule2111即客户适当性(suitability),包括两条基本规则和7条补充规则。

基本规则一,了解客户及推荐适当性。会员及其从业人员必须有合理的证据,证明向客户推荐的交易和投资策略是适合客户的;会员及从业人员要尽力查明客户的投资状况,这些状况包括但不限于客户的年龄、其他投资、财务状况和需要、税务状况、投资目标、投资经验、投资时间、流动性要求、风险承受能力,以及客户向会员及其从业人员就此投资建议提供的其他信息。

基本规则二,机构客户适当性。会员及从业人员要承担机构客户的适当性义务。要求会员承担适当性义务的范围取决于两种假设:一是会员和从业人员有理由相信机构客户有能力独立评估风险或涉及某个证券交易和投资策略的风险;二是机构客户对会员和从业人员的推荐是有独立的判断能力的。

七条补充规定是:

第一条,总则的补充条款。会员和从业人员同客户的关系建立在公平交易的基础上,销售方不仅要遵循FINRA规定的道德标准,而且还强调其必须满足同大众公平交易的要求。适当性规则是公平交易的基础,有利于促进合乎道德标准的销售行为,也利于提高专业行为的标准。

第二条,免责声明的补充条款。会员和从业人员不能否认任何在适当性规则中的责任。

第三条,推荐策略的补充条款。在这个规则中所提及的"相关一支证券和许多证券的投资策略"是一个很宽泛的概念,包括持有一支股票和几支股票的明确建议,只是不包括 Rule2111 里的特定股票。此外,投资推荐时,要考虑和评估主要金融和投资信息。比如,投资回报、多样化、平均成本、复合回报、税务延缓投资等;建立在标准化指数基础上的股票、债券和现金的历史阶段性不同回报;通货膨胀的影响;未来退休收入的需要;客户的投资组合等。

第四条,消费者的投资组合补充条款。会员和从业人员做出 Rule2111

提及的投资推荐，应当有合理的依据，并证明这些推荐是符合消费者自身情况的。在 Rule2111(a)中涉及消费者投资组合的因素，与这些投资建议是否适合于特定消费者的需求有关。由于基于特定案例的环境和事实不同，每个因素的重要性也不尽同。除非会员和从业人员有理由相信，根据特定案例的环境和事实，这些因素已经不再与投资组合相联系。另外，会员和从业人员要尽力获取和分析这些因素。

第五条，适当性义务要素补充条款。客户适当性是由三个重要义务组成：合理根据适当性、特定客户适当性、数量适当性。

合理根据适当性。即"了解证券"规则，是指会员和从业人员要有合理依据相信，投资建议至少适合于一部分投资者。

特定客户适当性。即"了解客户"规则，要求会员和从业人员，根据 Rule2111(a)中所描述的投资者状况，给特定投资者提供符合其情况的投资建议。

数量适当性。即要求实际掌握消费者账户的会员和从业人员，不能利用消费者账户从事不恰当的频繁交易。规则没有单独的指标来具体描述过度交易，但消费者账户中的周转率、成本股权比例、卖出和买入交易数量都能提供证据，证明会员和从业人员是否违反数量适当性义务。

第六条，消费者财务能力补充条款。如果该客户没有证明其有足够的财务能力，则禁止会员和从业人员为该客户开展这些服务：建议一支证券或许多证券的交易或投资策略；连续购买一支或许多证券；实施一支证券或许多证券的投资策略等。

第七条，对机构客户的豁免的补充条款。如果会员有合理根据认为机构客户自己能够做出独立的投资决定并且自己也能够评估该项投资所存在的风险，会员的适当性义务就算履行了，即豁免满足规则规定的机构客户适当性义务。

2. 了解你的客户

了解你的客户(Know Your Customer，KYC)，由 Rule2090 约定。该规则要求每个公司开户和维护账户时，应尽力了解并保留每位客户或者按照客户名义行事的人的关键事实。虽然该规则对于 KYC 的定期更新时间段没有硬性要求，但美国证监会《对于交易所会员及经纪商纪录留痕的规定》(SEC Rule 17a-3)中规定了至少每 36 个月更新一次客户记录。

关于"关键事实(essential facts)"有补充条款要求，主要有四个方面。第一，要有效地服务客户账户；第二，采取的行动与账户特殊处理指令相一致；第三，了解客户代理人的职权范围；第四，遵守适用的法律、法规和规章。

同时，对适用投资者适当性的主体也发生了变化。在 Rule2111 和 Rule2090 中，适当性的实施主体从会员变成了会员和从业人员，从业人员的日常工作也纳入了适当性要求之中，并且强化了会员和从业人员在客户适当性方面不可推卸的责任。

3. 合格投资人

在 Rule2111 和 Rule2090 中规定，如符合条件，公司可以对合格投资人的适当性进行豁免。合格投资人包括"合格投资者""合格机构购买者""合格购买者"和"合格客户"等四类。

(1) 合格投资者(accredited investor)。

合格投资者由美国证监会在 1982 年的 D 条例中予以规定，包括符合以下标准的个人和机构：

① 机构投资者，包括银行、注册的证券经纪商或自营商、保险公司、根据 1940 年《投资公司法》注册的投资公司或企业发展公司、小企业投资公司、资产超过 500 万美元的退休基金。

② 根据 1940 年《投资顾问法》注册的私人企业发展公司。

③ 根据所得税法获得免税的机构，其总资产超过 500 万美元，且成立的目的不是专门为了获得证券。

④ 证券发行人的内部人，包括董事，经理人或普通合伙人。根据 501(f)，经理人包括总经理、副总经理和任何具有决策权的经理人。如果发行公司子公司的经理人具有发行人决策的权力，也可以视为合格投资人。

⑤ 个人或与配偶合并净资产超过 100 万美元，其中资产不包括自住房，净资产计算应以认购证券的时点为准。

⑥ 个人最近两年年收入超过 20 万美元或与配偶最近两年合并年收入超过 30 万美元，且当年能合理预期达到同样的收入水平。

⑦ 总资产超过 500 万美元的信托，该信托成立的目的不能为认购证券，且该信托投资决策者的资格必须符合 Rule506(b)(2)(ii)的要求。

⑧ 任何全部由合格投资人作为权益所有人所组成的机构。

八类合格投资者中，属于机构的有五类，属于自然人的有三类。从机构的情况看，主要是金融机构和投资公司，以及符合条件的信托理财和养老金。从自然人的情况看，主要是内部特殊关系人和富裕的自然人。

一旦被确定为合格投资者，那么为合格投资者提供产品和服务的金融机构所受到的某些监管要求将得到豁免。主要体现在以下方面：

① 根据 1933 年《证券法》的要求，任何公司发售证券均需向美国证券交易委员会登记该证券，除非取得豁免。其中一项豁免是，如仅向合格投资者发售证券、不作任何公开推广或宣传且发行总额不超过 500 万美元，则无需登记。由于登记证券所需遵守的规定非常繁杂和严格（如制定招股说明书、关于宣传的限制等等）、成本较高，因此该项豁免是一项较大的监管放松，对有融资需求的中小公司很有价值。

② 如在最近 12 个月内发行总额不超过 500 万美元、不作公开推广、且发售对象是合格投资者和/或不超过 35 个非合格投资者,则不需登记。向合格投资者提供的资料可以简化。但购买依据此项豁免发行的证券的目的只能是投资而不是转售,并有两年的锁定期。

③ 如发售对象是合格投资者和/或不超过 35 个非合格投资者(但非合格投资者需有足够的投资经验和知识)、不作公开推广,则不需登记。但投资者购买的证券有一年锁定期。

④ 经纪人代合格投资者进行的交易,可免予遵守 1934 年《证券交易法》对经纪人规定的低价股票(penny stock)买卖的要求。

⑤ 美国《投资公司法》对投资公司的设立、经营规范特别是披露义务进行了规定。但那些不发行可赎回证券、且其证券只向合格投资者发售的投资公司则可不受《投资公司法》的约束。

(2)合格机构购买者(qualified institutional buyer)。

由于美国联邦法律对证券发行有严格的注册和信息披露要求,许多外国公司因此不愿在美国资本市场发行证券。为此,美国证监会在 1990 年公布了"144A 规则"(即"在私募市场面向机构的证券再销售规则"),主要目的是吸引外国企业在美国资本市场发行证券,提高美国国内私募证券市场的流动性和有效性。该规则简化了非美国公司在美国境内筹资的程序,降低了其成本,已经成为非美国公司进入美国资本市场的主要途径。

根据 144A 规则的规定,发行人可以发行不受美国证监会的注册和信息披露要求限制的证券,但这些证券只能在私募市场向合格机构购买者(QIB)发行并只能在 QIB 之间交易,称为受限证券。为方便此类证券的发行与交易,美国全美证券交易商协会(NASD)建立了具备交易和信息发布功能的电脑化 PORTAL 系统,该系统只有 QIB 和一些合格的交易商和经纪人可以进入。

这种证券的特点是,只要该外国公司按美国证监会的要求提供了有关信息,则该发行人可不向证券购买人披露财务信息。否则发行人应根据购买人的要求对其业务性质、生产的产品和提供的服务及财务状况等作简要说明,这些财务信息包括按发行人所在国会计原则编写且经审计的最近三年资产负债表和损益表等。144A 规则的这一规定,通过减轻信息披露负担有效吸引了外国公司进入美国资本市场。

根据 144A 规则的规定,QIB 包括下列机构:

① 管理自有账户或其他 QIB 的委托账户,持有和全权投资的非关联人发行的证券价值在 1 亿美元以上的下列公司:保险公司,投资公司,业务发展公司,小企业投资公司,各州及其相关部门等为雇员建立的养老金计划,任何符合雇佣退休收入保障法规定的 Title I 类雇员养老金计划,银行或信托公司作为受托人的信托基金,任何公司、合伙企业和类似的信托企业,依照投资顾问法注册的投资顾问等九种机构。

② 依照证券交易法注册的证券交易商(broker),管理自有账户或其他 QIB 的委托账户,持有或全权投资的非关联人发行的证券价值在 1 000 万美元以上的;

③ 依照证券交易法注册的证券自营商(dealer),代表 QIB 从事无风险委托人交易的。

④ 依照投资公司法注册的投资公司,管理自有账户或其他 QIB 的委托账户,所属的投资公司家族持有非关联人发行的证券价值在 1 亿美元以上的。

⑤ 其所有股东都是 QIB 的机构,管理自有账户或其他 QIBS 的委托账户的。

⑥ 本国或外国的银行、储蓄贷款协会或类似机构,持有和全权投资

的非关联人发行的证券价值在 1 亿美元以上，其最近年度财务报表显示的经审计净值在 2 500 万美元以上的。

外国企业发行或销售受限证券的条件是：

① 证券只向 QIB、销售机构或代其销售的人员认为是 QIB 的机构发行或销售。

② 证券的销售机构及代其销售的人员应采取合理措施使购买人意识到，销售机构遵守了 144A 条款。

③ 发行或销售的证券：(i)与公司依照美国证券交易法注册、在全国性交易所上市的或在交易商之间的自动交易系统交易的证券不是同类证券。可转换或交换为已在交易所上市证券、实际转换溢价低于 18% 的证券与相应的交易所上市证券是同类证券；标的为已在交易所上市的证券且有效期少于 3 年，或实际行使溢价低于 10% 的权证与行使权证时所发行的证券是同类证券。(ii)不是依照投资公司法注册的开放式基金、单位投资信托或面额凭证公司发行的证券。

（3）合格购买者(qualified purchasers)。

1940 年，美国国会通过了《投资公司法》(The Investment Company Act)。根据《投资公司法》，基金是要在证监会注册的，但是对于一些涉及较少公众利益，针对特定人群的基金，此法律规定了两种注册豁免的情形。合格购买者制度就是针对基金豁免而配套设立的。

《投资公司法的》第 3(c)(1)条款。基金满足两个条件可享受注册豁免。条件一：投资者总数不超过 100 人；条件二：不公开发售。第二个条件"不公开发售"决定了为享受注册豁免，对冲基金一般不针对普通投资者。而按照第一条的 100 人限制，为了保证规模，对冲基金通常对投资者的要求更高，即要满足认可投资者(accredited investor)甚至是合格购买者(QP)的条件。如果这 100 个人里面"掺杂"了普通投资者，该基金可能会涉及公开发售,就违反了第二个条件。如果确认为公开发售,美国的《证券法》就开始发生效力,这时候的基金就得到证监会注册。所以为了不和《证券法》起冲突,《投资公司法》针对第一种豁免的情形规定了不能公开发售的条件。

《投资公司法的》第 3(c)(7) 条。基金满足投资者全部由合格购买者构成,总数不超过 499 人,则享受注册豁免。如果超过了 499 人,则该基金(基金可以公司的形态存在)可能会变成公众公司。根据 1934 年的《证券交易法》第 12(g) 条规定,公众公司要在证监会注册。因此为不起冲突,规定了 499 人的上限。

1996 年的《投资公司法》修正案对合格购买者的具体规定如下:

① 任何拥有不低于 500 万美元投资的自然人,包括与其配偶共同拥有一个联合账户、夫妻共同财产或者其他相似共享所有权益不低于 500 万美元。

② 任何拥有不低于 500 万美元投资的公司,但公司的直接或间接所有者必须为 2 个自然人以上,且相互之间是兄弟姐妹或配偶关系(包括以前的配偶),或为直系后代,或者这些人所设立的、或为其所设立的基金会、慈善组织或信托基金等。

③ 就第②项所不涵盖的,且设立并非出于认购公司发售证券之目的的信托,该信托的受托人或被授权的信托事务决定人、每位清算人或信托资产的出资人是在①②④项中所规定的人。

④ 任何为其自身账户、或为其他合格购买者账户,合计投资不低于 2 500 万美元的人。

⑤ 合格机构购买者,且投资额不少于 2 500 万美元。

⑥ 服务于该基金的有一定经验的雇员。

⑦ 除此基金外的合格购买者继承资产的受让人。

（4）合格客户（qualified client）。

美国国会在 1940 年通过《投资公司法》的同时也通过了《投资顾问法》（Investment Advisers Act）。颁布这个法律的目的是为了对提供投资建议的个人进行监管。这里投资建议的对象可以是投资公司、养老金、慈善基金和其他个人。根据《投资顾问法》，合格客户主要指管理的资产值超过 100 万美元或净资产超过 200 万美元的个人、符合《投资公司法》定义的合格购买者以及投资顾问公司中有丰富投资知识的内部员工等。《投资顾问法》禁止投资顾问以所管理基金的资本收益或升值为基础向客户收取报酬。但如客户是合格客户，则可不受该规定的限制。

4. 产品适当性

在 2003—2005 年，FINRA 针对会员开发和内部审批新产品（Notice to Members 05-26）、销售和推荐非传统投资产品（Notice to Members 03-71）、私募产品（Notice to Members 03-07）以及结构化产品（Notice to Members 5-59）时应承担的义务等发布了多份会员通知。在会员通知中，FINRA 强调证券公司在销售这些证券产品时应承担的义务主要包括：（1）对产品进行充分尽职调查以了解产品的特征；（2）进行产品的"合理根据适当性"（reasonable basis suitability）分析；（3）进行针对具体客户的"特定客户适当性"分析；（4）均衡地披露有关具体产品的风险、收益信息，尤其是当将产品出售给个人投资者时；（5）实施适当的内部控制；（6）针对产品的特征、风险以及适当性向销售人员提供培训。另外，当证券公司推销自己公司或关联公司发行的产品时，还需要向客户做出明确披露，全权委托账户还必须就购买此类产品特别取得客户的同意。

FINRA 要求会员对其投资产品做尽职调查。根据《给会员的通知》（Notice to Members）03-71，证券公司需要首先对产品的主要特征进行尽职调查。这些调查包括：（1）产品的流动性；（2）该产品是否存在二级市场,以及这些二级市场中产品定价的透明性;(3)发行人的信用状况;(4)担保品的信用状况及价值;(5)交易对手方的信用状况;(6)本金、回报及/或利率方面的风险以及影响这些风险的因素;(7)产品的税务问题;(8)买卖该产品相关的成本和费用。此外,根据FINRA《推荐审查新产品的最佳实践》的要求,所有公司应有内部政策,确保新产品在发售前从监管和业务角度进行了审查,并要对以下问题进行回答:(1)产品卖给谁;(2)产品的投资目标;(3)产品的基础假设;(4)产品对投资者的风险;(5)投资者要承担的成本费用;(6)公司及其代表的报酬;(7)产品是否存在新的法律、税务、投资和信用风险;(8)产品结构、功能和描述的复杂程度;(9)产品将怎样营销;(10)为新产品提供意见的专业人士的资质;(11)新产品是否需要新的培训;(12)产品由公司自己还是第三方发售;(13)公司目前的系统是否支持该产品,是否需要上新系统;(14)新产品的结构、特性和销售是否存在监管问题等。

FINRA要求会员对其投资产品做"合理根据适当性"分析。在对产品进行尽职调查后,FINRA要求会员在将产品向客户推荐之前对所推荐产品进行"合理根据适当性"分析。这种"合理根据适当性"分析是为了确保所推荐产品对于某一类投资者是适合的。在对产品做分析时,FINRA认为会员应将该产品与市场上的可比产品相比较。如某一种产品与市场上的其他产品在结构、波动性、风险等方面具有可比性,可通过其定价所反映的回报与市场可比产品相比是否适当,来确定该类产品是否满足"合理根据适当性"分析。FINRA认为不大可能准确地比较不同产品的风险/回报,但认为会员可以依赖自己的专业经验来避免其所推荐产品的风险回报与市场上可比产品相比出现较明显的差异。

FINRA要求会员对其投资产品做"特定客户适当性"(customer specific suitability)分析。FINRA在界定会员公司履行"特定客户适当性"

分析时,引用的主要衡量标准是 NASD Rule2310 中的标准,即客户的财务状况、客户的纳税情况、客户的投资目标,以及会员在向客户提供建议时应合理考虑的其他信息。在决定某一结构化产品对具体客户的适当性时,FINRA 提醒会员不应在该产品与该产品所基于的资产之间做笼统的类比,这是因为由于结构化设计,基础资产及相关结构化产品之间的风险/回报特征可能会有非常大的区别,会员不能因为某一具体客户投资基础产品是适当的,就推断该客户投资该基础产品上的结构化产品也是适当的,反之亦然。另外,FINRA 还提醒会员在分析适当性时,应重视产品的"波动性"及本金损失风险。一个回报率较高但波动性较大的产品与一个回报率较低但波动性较小的产品相比,有可能前者对于某一个投资者并不适当。尤其是会员在提供非传统产品、结构化产品时,由于这些产品可能具有复杂的结构,未必能为客户就其风险等特征做出有效评估。

5. 美国适当性制度中的投资者救济

在美国,关于适当性规则自律规范的性质,法院一般不认为对适当性义务的违反必然构成向法院提起诉讼以获得民事赔偿的充足理由。所以通过仲裁解决与适当性义务有关的纠纷成为一种自然的选择。从实践上看,美国司法机关虽然在案例中部分承认了投资者适当性规则,但并没有将投资者适当性规则作为投资者进行民事赔偿的直接依据,所以单独以证券公司违反适当性义务为由提起的民事诉讼一般都难以获得法院的支持。从现有的案例来看,以证券公司违反适当性义务提起诉讼的案例中,获得法院支持的,通常是法院认为证券公司的行为已经构成欺诈或证券公司的过量交易行为违反了信义义务。而这两种认定,都要求原告能够证明被告主观上知情或者存在重大过失。因此,投资者很难通过诉讼成功获得赔偿,其救济通常只能依靠金融业监督管理局的调解和仲裁。

美国最高法院在 1987 年 Shearson/American Express，Inc. v. Mc-
Mahon 案中确定，几乎所有的证券经纪自营商（及其注册工作人员）与其
客户之间就投资者适当性问题的争议，都必须通过 NASD 的专业委员会
仲裁解决；对于纠纷解决中达成的协议条款，法院认可其效力。据此，大
多数证券经纪自营商在与其客户签订格式化的委托合同时，往往都加上
了专门的仲裁条款，NASD 建立专门的仲裁机制以处理投资者基于适当
性等的诉求，作为法院裁决机制的替代机制。

进入 20 世纪 90 年代以后，几乎所有的投资者与证券经纪自营商的
纠纷都通过证券自律监管机构的专门仲裁机制解决。事实上，此种专门
纠纷解决机制也受到证券经纪自营商的拥护，因为证券自律监管机构更
加专业、更能理解证券市场的复杂性（例如可以更好地理解适当性规则的
本意），其裁决更加符合证券市场和证券行业的利益，且程序更加简化。
证券自律监管机构基于具体案件利益平衡的考量，可以援用行业道德进
行裁决。如果证券经纪自营商可以证明证券自律监管机构作为仲裁者明
显不尊重法律或者误用了法律，也可以向法院提起诉讼。

FINRA 替代 NASD 之后，亦设有专门的"纠纷解决机制"（FINRA
Dispute Resolution），以仲裁和调解的方式解决行业内各种纠纷，是目前
全世界最大的证券纠纷解决场所。根据 FINRA 调解程序规则第 14104
(b)项规定，只要各方同意，投资者与经纪商之间，经纪商之间以及经纪商
与雇员之间的各种纠纷，以及纠纷中的各种具体问题，都可以提交
FINRA 进行调解。调解遵循自愿原则、中立原则、保密原则。FINRA 的
调解机制成效显著。

行业调解和仲裁已经成为绝大多数投资者适当性义务纠纷的解决途
径，这在给予投资者及时、适量的救济的同时，很好地保护了证券行业，使
其不会因不断出现的巨额侵权赔偿而陷入发展困境。

3.2 欧盟投资者适当性制度

3.2.1 欧盟投资者适当性制度发展历史

金融市场在当今经济发展中的核心作用不容置疑。进入 20 世纪 90 年代以后,随着欧盟经济一体化程度不断加深,客观上也要求金融市场更加开放、金融服务更加畅通。这就需要首先从立法上给予法律保障,确保金融服务市场一体化程度向纵深发展。1993 年 5 月 10 日,欧盟理事会通过了证券投资服务 93/22/EEC 号指令(Investment Services Directive, ISD)。ISD 旨在通过引入投资中介的单一许可制度,更加便利地为投资者提供跨境服务。除了对规范市场进行界定外,指令还设定了交易后透明度的最低标准,以便成员国在实施该标准时有一定的幅度。此外,指令允许成员国要求股票交易必须在规范市场内进行。这就导致一些成员国,如法国、意大利和西班牙继续维持原有的"集中规则",而包括英国在内的其他成员国则允许中介者自由选择,可以在场外执行交易,也可以内部撮合交易。

ISD 的通过和实施在一定程度上促进了成员国间金融资本的流动,解决了欧盟跨境提供投资服务面临的制度难题。然而,由于货币的非统一现状,金融服务市场一体化的步伐仍旧十分缓慢。1999 年 1 月 1 日欧元启动,实现了欧盟区域内的货币统一,为欧盟经济和金融一体化的程度加深提供了良好的货币环境。在此背景下,要求出台更加统一、更加完善的金融市场规范的呼声也日益高涨。有鉴于此,欧盟委员会于 1999 年勾勒出单一金融市场的"金融服务行动计划"(Financial Services Action

Plan，FSAP）。

FASP 是欧盟金融服务市场一体化的里程碑。它共涵盖 43 项立法措施，旨在为单一欧盟金融服务市场建立一个充分的架构：单一的批发市场、开放安全的零售市场、充分的审慎规则和监管。欧盟委员会公报中概括了 FASP 框架的四项战略性目标：

（1）建立单一的批发市场。主要集中在以下几方面：消除欧盟范围内筹措资金的主要障碍；为统一的证券和衍生工具市场提供共同的法律框架；上市公司财务报表的单一规则；为跨境证券交易提供法律保障；为跨境重组创设安全透明的环境；设立健全的框架，使资产管理者能够基于基金持有人的利益考虑而优化其投资组合。

（2）发展开放安全的金融零售服务市场。应采取一系列注重实效的步骤，强调提升跨境金融零售服务的信息交流、透明度和安全性。通过有效的非司法程序加速消费者争议的解决以及平衡适用当地的消费者保护规则。

（3）确保欧盟金融市场的持续稳定性。推动银行、保险和证券领域高标准的审慎立法，并考虑巴塞尔委员会和欧洲证券委员会论坛等进行的工作；致力于金融集团审慎监管的工作；为增强主管机关之间跨部门的讨论和合作作出安排。

（4）消除妨碍金融市场一体化的税收障碍。行动计划覆盖了消除税收障碍和扭曲内容。它强调要采纳跨境收入有效最低税收指令，并实施 1997 年的企业税收守则。

在这个涵盖多项金融服务领域的法律规范计划建议中，ISD 的审视和修订成为其中最为重要的建议之一。2000 年 11 月 16 日，欧盟委员会的公报中指出，由于许多条款本身的性质以及欧盟各国内部相偏离的实施，ISD 存在"结构限制"问题。欧盟委员会建议对以下三方面进行审查：

集中规则、高水平原则以及透明度。市场参与方和监管者对公报展开了激烈讨论,反馈映射出不同的观点,特别是对于欧盟委员会 2001 年 3 月 23 日最终报告中关于更新 ISD 的计划表示欢迎。欧洲议会还提出一些使 ISD 更具灵活性的建议,其中特别表达了应取消"集中规则"的观点。

为了达到 FSAP 的既定目标,而又考虑到欧盟委员会、欧盟理事会和欧洲议会间关于设立可转换证券委员会的争论,欧洲经济与财政部长委员会(The Council of Economics and Finance Ministers,ECOFIN)于 2000 年 7 月 17 日委任欧洲货币机构(European Monetary Institute,EMI)前主席亚历山大·拉姆法鲁西(Alexandre Lamfalussy)为主席的"欧洲证券市场规范专家委员会"(Committee of Wise Men on the Regulation of European Securities Markets),就如何使证券规范和欧盟各国监管者间的合作机制更好地适应市场的变革以及如何更好地确保规范更有效地转化和实施进行判断和分析。在 2000 年 11 月 9 日的第一份报告中,专家委员会指出机构框架功能是规范的主要问题之所在。对此,报告提出了四级立法程序的初步建议。三个月之后,专家委员会公布了"最终报告",提出欧洲证券市场存在的两大根本问题:现有立法空白,更重要的是立法程序烦琐、臃肿和由此制定的歧义内容;欧盟成员国实施欧盟金融市场立法不协调,不仅对概念、结构和权限有不同理解,而且对国内市场保护的现象也屡见不鲜。为解决上述问题,专家委员会在报告中提出一个新的规范欧盟证券市场的框架,即四级立法程序,也称 Lamfalussy 立法。四级立法模式如下:

第一级:立法程序第一步,也是最根本的一步。这是制定框架性原则的层面。经过同市场参与者(相关利益方)的公开、透明和系统的磋商后,欧盟委员会提出金融市场的立法建议。该立法集中在框架性原则及其基本要素方面,而实施权利和技术细节留待第二级立法。欧盟委员会的建议送交欧洲议会和欧盟理事会,由欧盟理事会根据一贯的立法程序即共同决策的程序对其讨论,并作出适当调整,到最后认可、通过。

第二级:技术性实施措施,也是最基本的指导。这是制定第一级框架指令的技术性实施措施层面。由欧盟委员会、欧洲证券委员会和欧洲议会完成。

第三级:成员国内监管者合作,也是最关键的过渡。这是各成员国国内实施第一级和第二级措施的层面。各成员国监管机构需要通力合作,在与欧洲证券监管者委员会磋商后,将第一级和第二级立法转化为相一致的国内法并统一实施。

第四级:加强规则的实施,也是最重要的保障。这是加强规则实施的层面。第四级从根本上发挥提醒成员国履行实施欧盟层面规则的法律义务的作用。欧盟委员会对各成员国国内立法与执行状况进行监督。

第一级和第二级主要关注立法程序的灵活性,而第三级第四级旨在提高欧盟证券立法实施和执行的统一性。

2004 年 4 月 21 日,欧洲议会和欧盟理事会颁布了金融工具市场 2004/39/EC 号指令(Markets in Financial Instruments Directive, MiFID)。该指令于 2007 年 11 月 1 日生效。2006 年 8 月 10 日,在欧盟证券监管者委员会的帮助下,欧盟委员会颁布了实施 MiFID 的 2006/73/EC 号指令。2008 年 3 月 11 日,欧洲议会和欧盟理事会进一步颁布了修改 2004/39/EC 号指令的 2008/10/EC 号指令。

MiFID 的根本目的在于建立一个综合的金融规范体系,监督金融工具的交易情况,以更好地保护投资者。因此,MiFID 明确规定,投资公司执行客户指令应履行"最佳执行"义务。MiFID 还要求投资公司在执行客户指令时,应考虑价格、成本、速度、指令执行的可能性、规模、性质以及其他与指令执行相关的因素,采用一切合理措施,以便为客户指令获得最佳的执行结果。

3.2.2 欧盟投资者适当性制度主要内容

不同于美国，欧盟的投资者适当性制度发展相对较晚，受传统因素的影响较少，因而更加全面、彻底。MiFID旨在确立欧洲经济区的一致的监管规则，推动金融市场一体化进程，是目前欧洲金融领域内最重要、涉及面最广的立法。MiFID中规定了欧盟各成员国所有提供投资服务或开展专业投资活动的机构，在实施投资者适当性时应遵守的规定以及应履行的义务（管理自由资产的个人或机构和只进行自营交易的企业除外）。这些规定集中体现在MiFID的《欧洲议会与欧盟理事会关于金融工具市场的第2004/39/EC号指令》（以下简称《2004/39/EC号指令》），《欧盟委员会第2006/73/EC号指令》（以下简称《2006/73/EC号指令》）以及《欧盟委员会第1287/2006号规章》（以下简称《1287/2006号规章》）。

欧盟投资者适当性制度主要涵盖投资服务客户分类、投资公司履行"了解客户"义务以及投资公司为客户利益"最佳执行"要求、信息披露、投资者适当性评估等几方面内容。

1. 客户分类

欧盟投资者分类制度是经历较长时间的研究调查，综合欧洲各国资本市场适当性工作经验的产物，具有较强的科学性和实用性。MiFID规定，针对不同的客户，投资公司需满足不同的业务运作要求。MiFID项下的客户共分为三类：零售客户（retail clients）、专业客户（professional clients）以及合格对手方（eligible counterparties）。专业客户拥有做出投资决定以及适当评估引发风险的经验、知识和专业。MiFID附录专门列出了专业客户的分类以及放弃保护要求按专业客户对待的确定标准和程序。合格对手方是指规范的金融机构和中央政府公共机构,也属于专业客户的范畴,即所有的合格对手方也是专业客户。而除专业客户和合格对手方外的其他客户统一被视为零售客户。

专业客户包括但不限于以下主体:(1)经核准或受规制在金融市场运行的主体,包括信贷机构、投资公司、其他经核准或受规制的金融机构、保险公司、集合投资计划及其管理公司、养老金及其管理公司、商品和商品衍生品经销商、自由经纪人和其他机构投资者;(2)符合特定标准的大型企业,其资产负债表总额 2 000 万欧元以上,成交净额 4 000 万欧元以上,自有资金 200 万欧元以上;(3)国家和地区政府、管理公共债务的公共机构、中央银行、国际和超国家机构,如世界银行、国际货币基金组织、欧洲中央银行、欧洲投资银行以及其他类似国际组织;(4)其他主要活动是投资金融工具的机构投资者,包括专门处理资产证券化或其他融资交易的实体。

客户所属的投资者类型并非一成不变:零售客户通过变更为专业客户,可以简化适当性评估流程或获得更低的交易成本;专业客户认为不能自行评估或管理相关风险时,可以申请变更为零售客户,从而享受非专业客户待遇,享有较高水平的保护。按照 MiFID 的规定,投资公司在开展业务时应按照法定标准将投资者划入不同的交易级别,但投资者也可根据自身情况的变化申请调整交易级别。零售客户在特定情况下也可被看作是专业客户,即“可选择的专业客户”;专业客户可主张作为特定交易的零售客户以获得更多法律保护。为有效保护投资者利益,MiFID 设定了一套“易下难上”的投资者类型调整机制:零售客户在申请成为专业客户时,除满足交易经验、资产规模、知识背景等方面的客观标准外,还须提交书面申请,表明希望被视为专业客户的意图,并具体说明希望针对所有抑或特定投资服务或交易被视为专业客户对待,还须表明已了解失去零售客户保护可能导致的后果的书面声明。而投资公司必须基于客户的经验、知识、专长和交易目标进行评估,警示客户可能失去的各种保护,客户必须以书面形式确认自己将承担失去相关保护而可能造成的后果;如果认为客户不能胜任,有权拒绝相关申请。专业客户如果需要转为合格对手方,除满足零售客户转为专业客户的条件外,还必须是法人实体。任何客户需向下调整所属投资者类型时,则只需提交申请并与中介机构重新订立服务合同即可。此外,MiFID 执行指令还规定专业客户及合格对手方具有将影响其所属类型的相关因素变化情况及时告知投资公司的义务。

MiFID 投资者适当性制度的另一个重要特点即要求投资公司针对不同的投资者类型执行差异化的投资者保护措施;相对于专业客户和合格对手方而言,零售客户将受到更多的保护。亦即,对零售客户的最严格保护和对专业客户规范化的保护相结合。

(1)零售客户。

对零售客户,MiFID 强调的是最严格保护,不仅设置了"易下难上"的所属类型调整制度,规定了投资公司对零售客户的全面义务,还对各类打包零售投资产品(packaged retail investment products,PRIPs)产品从准入、销售、信息披露等方面制定了统一的监管标准。宏观上,MiFID 在金融产品的销售和运作上提出了所谓商业行为规则(conduct of business rules)。该规则基于 MiFID 关于客户保护的三大原则提出:一是忠诚原则,服务提供者必须忠诚和公平地对待客户;二是信息披露满意原则,服务提供者必须向客户提供清晰、公平、不带误导性质的信息,在各种涉及产品风险和利益冲突的情况下都必须严格履行信息披露义务;三是了解客户原则,服务提供者必须了解客户并严格履行适当性、适合性、最有可能等原则。由此可见，MiFID 主要从规范服务提供者(包括产品发行人和中介机构)行为的角度来维护零售客户权益。

事实上，作为零售客户，其参与的主要交易类型就是各类 PRIPs 的买卖。PRIPs 不仅基于商业行为规则制定了对各种 PRIPs 统一的监管标准，还协调各成员国监管机构，形成了相应的协调机构，使得不同地区、不同类型的 PRIPs 产品基本上在同样的平台和环境下展开竞争，在保护零售客户权益的同时，有力地促进了市场的发展。

有学者指出，MiFID 第 19 条和第 35—38 条为欧盟的零售客户提供了前所未有的保护，其背后的理论在于：MiFID 下，投资公司能够在整个欧盟区自由地销售产品或者提供服务而无须再遵守任何成员国内部的一些限制；终端投资人和资产管理人可以投资在欧盟区任何成员国发行的证券，因此欧盟新的投资者保护机制将比过去更为重要。

(2)专业客户和合格对手方。

对专业客户，强调"适度、规范"，包括提供基本的信息提示和高风险业务中的适合性测试等服务。这既有助于夯实资本市场发展的基础，又为衍生品市场的发展降低了风险、规范了秩序。

MiFID 对专业客户仅提供相对轻微的保护，保护措施以适应个性化需求为主要目的。一是在提供资产管理或投资咨询服务时，仅需依据其投资目的提出投资建议，而豁免了开展适当性测试和风险提示的义务；二是在其他业务，特别是在高风险业务中，仍需对客户进行适当性测试，并据此推荐与其特点相适宜的产品或服务；三是仅需就过往交易记录、交易规则和相关权益对其进行信息提示；四是切实履行"最优执行"义务。MiFID 要求中介机构必须能够证明其在考虑价格、交易执行速度和成本的基础上，已采取一切合理步骤使客户的指令获得了最优的执行效果。合格对手方是专业客户的一部分，在大多数情况下接受与专业客户相近的保护。

(3)投资者的交易权利限制。

在 MiFID 的投资者分类服务体系中,投资者的交易级别越高,相对应的交易权限也就越大,交易时的约束和限制也就越少。例如,为控制某些类型交易的风险,机构投资者往往在法律框架下对交易对手的资质进行设定,如部分机构仅与合格对手方进行交易;同时,对专业客户和合格对手方来说,在接受资产管理或投资咨询服务时,无需接受相关的适当性测试,在作出投资决策时不会受到中介机构的劝阻。

2."了解客户"

MiFID 在"投资者保护条款"中专设了条款规定投资公司在向客户提供投资服务时应履行的业务规则。其中特别值得一提的便是投资公司"了解客户"义务。这也是投资公司履行"最佳执行"义务和其他业务行为规则的前提。指令针对所提供的服务,要求投资公司履行相应的"了解客户"义务:(1)当投资公司向其客户提供投资建议或投资组合管理服务时,投资公司应获得有关该客户对特定投资产品或投资服务类型的了解和经验、该客户的财务状况和投资目标等必要信息,以便向该客户推荐适合的投资服务和金融工具;(2)当投资公司向其客户提供其他投资服务时,则应当要求该客户提供关于其对提供或要求的特定投资产品或投资服务的了解和经验的信息,以使投资公司能评估投资服务或产品是否适合该客户。在投资公司基于上述所获信息,认为意在提供的产品或服务不适合客户时,投资公司应警示该客户。而在客户选择不提供上述所列信息,或提供有关其知识和经验的信息并不充分的情况下,投资公司应警示该客户,因为据此投资公司将无法判断该服务或产品是否适合该客户。

MiFID 将投资公司的"了解客户"义务细化,引入针对零售客户的全面测试以及针对专业客户的有限测试,以反映其进行投资的能力和经验,包括关于投资意见和建议产品的"适当性测试"(suitability tests),以及非建议产品和辅助服务的"适宜性测试"(appropriateness tests)。"适当性测试"要求投资公司不只基于请求而从客户或潜在客户获得必要信息,以使其能够了解有关客户的重要事实。而该事实能够表明,考虑到所提供服务的性质和范围,有合理的根据相信,所推荐或在投资组合管理过程中进行的特定交易满足以下条件:符合客户的投资目的;客户在资金上可承受任何投资相关风险;客户具有了解风险所需的经验和知识。如果投资公司没有获取其认为评估适当性所需的信息,那么就不能向客户推荐该投资服务或交易。而"适宜性测试"要求投资公司根据客户或潜在客户是否拥有投资领域相关产品或服务的必要知识和经验,评估投资服务或交易对客户来说是否适合。不同于"适当性测试"的规定,投资公司即使不能决定适当性与否,仍可以在向客户提出警示的前提下提供服务。

3. "最佳执行"义务

投资者适当性制度的重点在于,区分不同类别的客户且了解其对相关服务和产品的认知和经验,进而有针对性地为客户利益履行"最佳执行"义务。投资公司为客户提供投资服务需考虑包括客户的散户或专业性质分类在内的多项因素,以满足"最佳执行"要求。

MiFID除了指出投资公司履行"最佳执行"义务应予以综合考虑的多项因素外,还在实施指令中进一步给出判断各因素相对重要性的衡量标准(以特点标示)。而这一规定的前提假设是,欧洲层面以及成员国的监管者知道哪些因素重要,但不知道如何重要。因此,指令留予投资公司一定的灵活性,来决定因素的相对重要性。但是,由于列出了相关因素以及衡量相关因素的特点,所以投资公司只需要指明某些特点如何以及为何重要。投资公司必须能够证明其考虑了这些因素以及决定这些因素相对重要性的标准。对此,指令提供了投资公司记录其意见和承诺行为的工具,即"执行政策"。执行政策的详细说明构成投资公司面临的核心问题。而指令真正关注的是投资公司旨在为客户实现最佳结果的过程,并非实际结果。

(1)"最佳执行"的法律界定。

MiFID规定了投资公司按有利于客户的条件执行指令的义务,即"最佳执行"义务:①投资公司应采取所有合理的步骤,在执行指令时考虑价格、成本、速度、执行和结算可能性、规模、性质或任何其他与指令执行相关的因素,以获得对客户最佳的结果。然而,在客户给出特定指示时,投资公司应按特定指示执行指令。②投资公司应设立和实施有效安排,特别是指令执行政策,以获得对客户指令的最佳结果。考虑到工具的类别,指令执行政策应包括投资公司在不同场所执行客户指令的信息以及影响执行场所选择的因素。投资公司应向客户提供指令执行政策的适当信息,并获得客户对执行政策的事先同意。特别是在规范市场或多边交易设施之外执行指令前应事先获得客户的明确同意。③投资公司应监测指令执行安排和执行政策的有效性,以识别或适时纠正任何缺陷,尤其应经常性评估,指令执行政策涵盖的执行场所是否为客户提供了最佳结果,或者是否需要对其执行安排做出变动,并将指令执行安排或执行政策的任何实质变动通知客户。

上述要求体现了"最佳执行"的三个基本层面:指令执行前的考量因素、指令执行前的政策安排和客户事先同意的获取、指令执行后对政策安排的有效性监测。但仔细观察会发现,虽然执行指令前应予以考量的因素体现出规定的灵活性,但在理论和实践层面具有吸引力的同时也带来一定的挑战:各因素之间是否存在权衡关系,以及如何决定各因素的相对重要性。而另一个更加微妙、也同样重要的权衡类型存在于机会成本和市场冲击之间。例如,分流大量订单以减少市场冲击,但会导致较大的机会成本,反之亦然。为应对这一挑战,且对投资公司履行"最佳执行"义务提供明确指引,实施指令规定了"最佳执行"的标准,由投资公司在执行指令时予以考虑和采用,并据以决定各因素的相对重要性。

(2)"最佳执行"的权衡因素。

按照 MiFID 的规定,"最佳执行"义务的表述应该是:按最有利于客户的条件执行指令义务。MiFID 对"最佳执行"标准、指令执行政策、实施投资组合管理和接收传送指令的投资公司按客户最佳利益行事的义务作了进一步阐释。

① "最佳执行"标准。投资公司在执行客户指令时,应考虑下列标准,以判别指令提及价格、成本、速度等因素的相对重要性:客户的特点,包括客户为散户或专业投资者的分类;客户指令的特点;作为指令标的的金融工具的特点;指令可予以执行的场所的特点。投资公司按照客户的特定指示执行指令或指令的某一方面,则表明其履行了采取所有合理步骤以获得对客户最佳结果的义务。而对于客户特定指示的情况,序言第68条禁止当投资公司应当合理地知道特定指示很可能会阻止其为客户获取最佳结果时,诱导或邀请客户作出此特定指示。

投资公司代表零售客户执行指令时,需要对最佳结果的判定进行综合考虑,体现在金融工具的价格和执行的成本方面,包括与指令执行直接相关的由客户承担的所有费用,如执行场所费、清算结算费以及支付给第三方的其他费用。在指令执行政策列有多个竞争场所可执行指令的情况下,投资公司为评定和比较各情况的实施结果,应考虑其中的佣金和执行指令成本。不过,投资公司不能通过安排或收取佣金的方式而对执行场所造成不公平的歧视。

② 指令执行政策。投资公司应每年审查按照指令相应条款设定的执行政策以及指令执行安排。此外,在发生任何影响公司继续获得客户

指令执行最佳结果能力的实质变动时，也应对执行政策进行审查。投资公司应在提供服务前及时地向散户提供执行政策的下列细节：投资公司按照规定标准判别各因素相对重要性的说明；执行场所列表，投资公司非常信赖在这些场所能够履行采取所有合理步骤为客户指令执行获取最佳结果的义务；若客户的任何特定指示阻止公司采取执行政策设计和实施的步骤以获取指令执行的最佳结果，应给予客户清楚、明显的警告。

③ 实施投资组合管理和接收传送指令的投资公司按客户最佳利益行事的义务。提供投资组合管理服务的投资公司决定代表客户交易金融工具，而向其他实体下订单，应遵从指令规定的一般业务行为义务，按照客户的最佳利益行事。提供指令接收传送服务的投资公司向其他实体传递客户指令时，应遵从指令规定的一般业务行为义务，按照客户的最佳利益行事。

上述投资公司应考虑到指令"最佳执行"要求提及的所有因素，采取所有合理的步骤以获取对其客户最佳的结果。这些因素的相对重要性由指令列出的"最佳执行"标准予以确定。在客户做出特定指示的情况下，投资公司按指示行事视为履行了相关义务，而不需采取上述步骤。为了履行"最佳执行"的义务，投资公司应设立和实施相应的政策，该政策应能够判定有关各类工具下订单的对象或接收指令的实体。此外，投资公司应定期监测上述政策的有效性，特别是按照政策执行指令的质量。对这一政策的审查应每年一次，当发生影响公司继续为客户获取最佳结果能力的实质变动时，也要进行审查。

4. 信息披露

市场除了有只"看不见的手"来有效配置资源的天然优势外，还存在一个天然劣势，即信息的不对称。占据主导方的相关主体会利用自身的信息优势"剥夺"投资者的利益。这就需要从法律上纠正或者改善信息不对称的情况,进而保障投资者的利益。信息披露就是这其中最基本、最常见的方式。

世界上几乎所有法域都要求相关主体向公众发行证券之前提供和公布招股说明书,通过信息披露的方式达到保护投资者的目的。欧盟自然也不例外,除了规范证券市场以及证券交易活动的指令以外,也专门制订了《招股说明书指令》,从证券交易前的信息披露角度对发行人作出有法律约束力的规范要求。值得注意的是,招股说明书包括的信息范围有逐渐扩大之势。此外,即使事实上招股说明书已满足上市要求,交易所也有可能规定额外的信息披露要求。信息披露的理论前提是市场存在信息不对称,然而信息不对称的状况能否通过信息披露得到纠正和改善仍存在不确定性。或者可以说,信息披露仅能够在一定程度上扭转信息不对称的局面。这是因为,即使投资者获得了充分的信息,但基于投资者自身的条件,信息的不对称依然可能存在。相应地,信息披露也仅能够在一定程度上保障投资者的利益。这是因为,信息披露并不是有效保护投资者的充分条件。举例来说,提供招股说明书给一个零售客户的投资者,让他据此作出投资决定,但效果并不一定理想,因为招股说明书需要阅读技巧,而零售客户的投资者往往欠缺理解财务报表或进行必要分析的能力,也就无法依据财务比率来比较不同的投资产品。由此,零售客户的投资者需要依赖专业的建议或者转而进行保守投资,而后者从长远来看并不利于投资者。

从上述分析来看,信息不对称和投资者保护的需要催生了信息披露制度,然而反之,信息披露制度却不足以解决信息不对称的难题以及满足投资者保护的需求。这就需要在信息披露制度之外补充其他规定,包括但不限于对市场进行直接规范、规范内部交易和市场操纵以及设立投资者保护保险制度等。

5.投资者适当性评估

MiFID 中规定的投资公司保护投资者的内容集中体现为适当性义务。投资公司在向投资者提供其核心业务,即投资咨询服务及全权委托投资组合管理服务时,必须对投资者及服务进行适当性测试,确保所提供的投资建议或推荐的金融交易具有适当性。为保证投资者服务的有效性,投资公司应当充分收集有关投资者的投资知识及经验、财务状况、投资目标等方面的信息,进行适当性测试(suitability test)和适宜性测试(appropriateness test)。无论是适当性测试还是适宜性测试,均旨在评估投资者或潜在的投资者是否拥有足够的专业投资知识、投资经验以及金融工具交易方面的知识,并能理解上述交易活动中的风险。这是金融机构基于"诚信义务"(fiduciary duty)产生的公正、诚实并专业行事的体现,有利于避免投资者对投资公司承担的"了解你的客户"规则产生误解。事实上,即使适当性及适宜性测试均旨在实现投资者保护的目标,但二者针对不同的服务内容,功能及特征不同,因此仍有区分的必要。根据 MiFID第19(4)条规定,只有当提供给投资者的服务内容为投资建议或者证券组合管理服务时,投资公司应评估投资服务及金融工具的适当性。为使推荐服务更加体现对投资者的针对性,MiFID 中规定,当投资公司推荐的服务中包含明示或暗示的特定投资内容时,投资公司必须收集与投资者或潜在投资者接受的特定金融产品或服务相匹配的投资知识及投资经验方面的信息,以便投资公司能够基于对投资者个人信息的分析、考察,评估提供给投资者的服务及金融工具是否适当。为在实践中有效地执行指令中规定的适当性义务,欧盟于 2006 年发布了《金融工具市场指令》的执行指令(Commission Directive 2006/73/EC)。该执行指令进一步明确了 MiFID 中提及的个别术语的含义。投资者的投资知识及投资经验方面的信息主要是投资者类别,所提供的服务性质及程度,产品或交易类别,投资者熟知的金融服务、交易及工具的类别,投资者参与的金融工具交易的性质、容量及频率,投资者的受教育水平、专业或者此前的相关专业等。投资者财务状况方面的信息主要是指投资者常规的收入来源及数额,包括流动资产、投资和不动产在内的财产等。投资目标信息诸如投资者期待的投资时限,对投资风险的偏好,投资目的等。对于拒绝提供上述MiFID第 19(4)及(5)条中列明信息的投资者,投资公司不应当给予鼓励。事实上,投资公司不仅对零售投资者承担适当性义务,对包括合格对手方在内的专业投资者也是如此。对专业投资者而言,投资公司通常推定其具有必要的投资知识、投资经验,能够判定其对服务性质及程度可以适当考虑。此外,投资公司根据 MiFID第 19 条(6)规定,对投资者进行适宜性测试以评估投资者或潜在投资者是否具有理解投资产品或投资服务所含风险的知识及经验。此项适宜性测试适用于投资者寻求投资公司执行其投资指令,而非接受投资建议或证券投资组合管理服务等情形。简言之,"适当性测试"针对投资咨询类业务,而必须通过"适宜性测试"的主要是非咨询类业务投资者。为确保适当性测试的效果,MiFID 的"执行指令"中明确规定,成员国应确保投资公司从投资者或者潜在的投资者处获得有利于公司开展投资者适当性评估的信息,以使投资公司对投资者有实质性的了解,并能够根据其提供的服务性质及程度,做到推荐的特定交易或投资组合管理服务符合投资者的投资目标。如果基于投资者所提供的信息,投资公司认为特定的金融产品或者服务不适合投资者,那么投资公司应当以标准化的方式警示投资者。适当性测试并非在任何情形下均要进行。MiFID 的"执行指令"规定了豁免适当性测试的几种情形:当投资公司应投资者或潜在投资者的要求执行投资者发出的投资简单金融产品的指示时,或投资公司提供与可在规范市场或第三国市场交易的股票、货币市场工具、债券或其他形式的证券化债(不包括被作为衍生品的债券或证券化债)相关的服务指示时,投资公司不承担"适当性测试"义务。在这种情形下,投资者或潜在投资者应当明确表示其已经了解所接受的服务条款的内容,投资公司因而无需评估其提供的工具或服务的适当性,投资者也不能从对金融产品的"适当性评估"中获益。上述条款豁免了投资公司进行适当性测试以确定风险、投资目标及投资建议的适当性义务,而存在的不足表现为豁免条款对投资者投资活动范围的限制过于狭窄。此外,指令规定投资公司免除投资者适当性测试的事实必须予以书面记载,这无疑将产生保存记录的额外费用,增加投资者的负担。如前文所述,投资公司进行投资者适当性测试的前提是获取与投资者相关的充分信息,包括投资者是否希望对冲风险,是否希望保证其财产安全并避免风险,或者是否希望为确保低水平获利而承受低风险,或者预期获利较高而愿意接受相对较高的风险。为实现投资者适当性测试能够在业务流程阶段顺利开展,应在开户阶段把握投资者个人信息的内容及质量。"除非已经意识到或应当意识到所收集的信息过于久远、不准确或不完整,否则投资公司可以信赖投资者或潜在投资者所提供的信息并进而开展适当性测试。"如果投资者或者潜在的投资者选择不提供 MiFID 所要求的信息,或者提供的有关投资知识及投资经验方面的信息不充分,那么投资公司应当警示投资者其不提供信息或者提供的信息不充分使得投资公司无法评估所提供的服务或者产品是否"适当"。执行指令进一步明确,提供投资咨询或投资组合管理服务的投资公司无法获得 MiFID 第 19(4)条规定的信息,则不能向投资者或者潜在的投资者推荐投资服务或者金融工具。为实现投资者保护的目标,MiFID 确立了向投资者提供投资服务的公司应遵循的商事行为规则,诸如投资公司应以易于了解的方式向投资者提供适当的信息,包括投资公司及其服务、金融工具及所建议的投资策略(包括适当的导引及对投资工具与特定投资策略所涉风险的警示）、履行地点、成本及附带费用等。以便于投资者能够理解投资服务及特定类型金融工具的性质及风险。

6. 投资者保护保险

投资者保护保险针对的是未来可能发生的意外或损失，是在这种可能性转化为现实后，利用设立的保险基金对投资者进行补偿或者通过专门性投资者保护机构的介入保障投资者利益的一种制度。各国纷纷建立了不同类型的投资者保护保险制度，其中最常见的当属投资者保护基金。投资者保护基金一方面可以通过补偿客户资产，化解证券公司破产的风险；另一方面可以通过对会员公司的财务进行持续性监控，防范和控制证券公司破产风险，不仅能够提升投资者信息，而且能够保障市场长期投资资金的供给。

鉴于证券公司破产对零售客户的投资者可能造成的严重损害，有必要建立证券公司破产情况下投资者保护的特殊机制。欧洲议会和欧盟理事会于 1997 年 3 月 3 日通过了关于投资者补偿计划的 97/9/EC 号指令（简称《投资者补偿计划指令》）。指令旨在确保成员国设置最低保障以在投资公司破产、无法退还属于投资者的金钱或证券的情况下补偿投资者。但是并不对由客户投资丧失市场价值引起的损失提供补偿。该指令要求投资公司母国的监管当局负责投资者补偿安排，体现了"母国控制"的基本原则。另外，如果东道国规定更高水平的补偿，且母国不能提供高于东道国计划规定的更高水平补偿，则投资公司在东道国设立的分支机构可加入东道国的计划。2005 年 2 月，欧盟委员会内部市场和服务司对《投资补偿计划指令》进行了评估，指出存在补偿延误、资金和财务弹性、不良投资建议下的补偿、第三方损失等方面问题，并提出行动方案建议。2009年 2 月 9 日，欧盟委员会发起关于审查《投资者补偿计划指令》适用情况的意见反馈活动，希望收集关于指令适用的信息。所有的利益相关者，特别是企业、投资者和消费者，以及公共当局都被邀请参与反馈。

与《投资者补偿计划指令》并行的投资者保护保险形式还包括欧洲议会和欧盟理事会于1994年5月30日通过的关于存款担保计划的94/19/EC指令（简称《存款担保计划指令》）以及"保险担保计划"。《存款担保计划指令》旨在向因银行倒闭而遭受损失的存款者提供有限补偿。从存款者的角度来看，这可以保护其部分财富；从市场稳定的角度来看，这能够防止存款者恐慌性提款以及严重的经济后果。2008年10月15日，欧盟委员会提出《存款担保计划指令》修正案，旨在提供存款者保护水平以及维系存款者对金融安全的信心。

3.3　新加坡投资者适当性制度

3.3.1　新加坡投资者适当性制度发展历史

新加坡金融市场是亚洲成熟的金融市场之一。为了促进金融市场的持续、健康发展，新加坡金融管理局通过制定《证券及期货法》和《财务顾问法》等法律，对投资者适当性制度进行了规定。新加坡投资者适当性的特点是根据不同性质的产品进行投资者适当性评估。《财务顾问法》第27条规定："持牌人不得在无合理依据的情况下向他人推荐任何投资产品"，为持牌人设定了适当性义务。该法进一步对"合理依据"做出了明确规定，即投资者的投资目标、财务状况和特殊需要；持牌人应在合理的考虑和调查这些内容后，向投资者提出投资建议；如果投资者依赖持牌人的建议而蒙受损失，持牌人应予以赔偿。此外，持牌人还应在提供投资建议的同时，向投资者披露持牌人因向投资者推荐买卖产品可能获得的利益。

根据新加坡金融管理局的规定,持牌机构及财务顾问在履行投资者适当性义务时,应遵守两大原则:一是"了解你的客户"原则,即财务顾问在向客户提供投资建议时,应了解客户相关信息,包括但不限于投资目标、风险承受能力、工作单位、财务状况及投资组合等;二是"公平对待客户"原则,即持牌机构应以客户公平交易为基础,开展客户服务工作。

3.3.2 新加坡投资者适当性制度主要内容

1. 投资者分类与评估

（1）投资者分类。

根据新加坡《证券与期货法》的规定,投资者按财务状况、投资者属性和从事的受监管业务等维度进行划分,主要可分为四种类型:合格投资者、专家投资者、机构投资者和其他投资者。持牌机构根据投资者的不同类型履行不同的适当性义务。其中,持牌机构对普通投资者应尽的投资者适当性义务最为全面,包括但不限于了解客户身份信息、向客户揭示产品信息、评估产品与客户的匹配度等。

① 合格投资者（accredited investor）。

合格投资者包括符合以下标准的个人和机构:净资产超过 200 万新加坡元（或等值外币）的个人;上一年收入不少于 30 万新加坡元（或等值外币）的个人;净资产超过 1 000 万新加坡元（或等值外币）的公司;信托资产超过 1 000 万新加坡元（或等值外币）的信托受托人;净资产超过 1 000 万新加坡元（或等值外币）的非公司实体;除了有限责任合伙外,由合格投资者组成的合伙企业;由合格投资者作为股东、以持有投资作为唯一业务的公司。

根据《证券与期货法》的规定,对合格投资者的适当性要求少于普通投资者,为合格投资者提供产品和服务的持牌机构所受到的监管要求也相对宽松:合格投资者不属于诚信基金保护的范围(诚信基金是《证券与期货法》规定证券交易所必须设立的投资者保护基金);在向合格投资者、合格投资者持有的公司或合格投资者作为受益人的信托提供证券、债券产品、商业信托、集体投资计划等投资产品时,持牌公司可免于遵守金融监管局关于招募说明书的要求;在向合格投资者提供资本市场产品或人身保险产品时,持牌机构可免于遵守《财务顾问法》第 25 条(关于提供产品信息)的规定,即:无需披露产品的条款;无需揭示产品带来或可能带来的收益以及可能产生的风险;无需揭示收费情况;如产品是集体投资计划,无需披露投资计划的管理人名称及持牌公司与管理人的关系;如产品是人身保险保单,无需披露保险公司的名称及持牌公司与保险公司的关系;无需披露新加坡金融管理局可能要求的其他信息。在向合格投资者提供资本市场产品、人身保险产品或外汇交易产品的投资建议时,持牌机构可免于遵守《财务顾问法》第 27 条的规定;在向合格投资者提供投资建议时,持牌机构可不在提供投资建议的书面文件中以醒目字体向投资者扼要披露持牌人从投资者买卖该产品中可能获得的利益。

② 专家投资者(expert investor)。

专家投资者包括符合以下标准的个人和机构,其业务包括收购、处置及持有资本市场产品的人员;符合新加坡金融管理局要求的信托受托人;符合新加坡金融管理局要求的其他个人或机构。

持牌机构在向专家投资者提供产品和服务时,可免于遵守以下规定:在提供资本市场产品时,可免于遵守《财务顾问法》第 25 条(关于提供产品信息)的规定;持牌机构可在无合理依据的情况下向客户推荐投资产品;持牌机构可不在提供投资建议的书面文件中以醒目字体向投资者扼要披露持牌人从投资者买卖该产品中可能获得的利益。

③ 机构投资者(institutional investor)。

机构投资者包括以下机构:持牌银行;经批准,成为金融机构的商业银行;持牌财务公司;注册保险公司或保险团体;持牌信托公司;新加坡政府;依法成立的法定机构;养老金或集体投资计划;持有证券买卖、基金管理、证券托管、房地产投资信托、证券融资、期货交易等资本市场服务牌照的机构;与合格投资者或专家投资者进行债券交易的机构;指定做市商;从事包括基金管理在内的获准业务的公司总部或财务中心;居住在新加坡、为不超过30个合格投资者进行基金管理活动的人员;作为劳合社(保险组织)成员的代理人从事业务的服务公司;符合新加坡金融管理局要求的信托受托人;符合新加坡金融管理局要求的其他人员。根据《证券与期货法》规定,持牌机构在向机构投资者提供证券、债券产品、商业信托、集体投资计划等投资产品时,可免于遵守金融监管局关于招募说明书的要求。

④ 其他投资者是指合格投资者、专家投资者和机构投资者等专业投资者以外的普通投资者。

(2) 投资者风险承受能力评估。

根据新加坡《财务顾问法》第27条规定,持牌人在向客户推荐投资产品时,需要有合理的依据,特别需要考虑客户的投资目标、财务状况和特殊需求。因此,财务顾问需要通过合理的方式收集并记录客户的如下信息:财务目标;风险承受能力;就业状况;财务状况,包括资产、负债、现金流和收入;收入来源和金额;财务承诺;当前投资组合,包括人寿保险;投资资金的集中度,即是否占据客户资产的很大部分;对于人寿保险的相关推荐建议,需要包括所需赡养的人数及提供财务支持的程度和时间。

2. 产品分类与风险评估

（1）产品分类。

新加坡将投资产品分为特定投资产品（specified investment products，简称 SIPs）和除外投资产品（excluded investment products，简称 EIPs）。其中，特定投资产品又可进一步分为上市特定投资产品（listed SIPs）和非上市特定投资产品（unlisted SIPs）。特定投资产品（SIP）是指可能包含衍生工具的衍生产品，其复杂的特性和风险可能会给投资者带来更多损失。同时，投资初期也很难评估收益或损失。上市特定投资产品是指在交易所上市的产品，例如结构性认股权证、期货和某些交易所买卖的基金。非上市特定投资产品是指不在交易所上市的产品，例如结构性票据、某些单位信托基金以及投资连结寿险保单。除外投资产品（EIP）是指除特定投资产品以外的产品，与特定投资产品相比，其结构相对简单，投资者易于评估收益或损失，新加坡金融管理局（MAS）在《证券与期货法》和《财务顾问法》中详细列明了属于 EIP 产品的范围，例如股票，房地产投资信托基金、某些货币基金等。投资者经过相应的适当性评估后才可以购买投资产品。此外，对于新产品，新加坡也规定了特定的适当性评估程序。

（2）产品风险评估。

随着金融业的不断创新，普通零售投资者会面对越来越多具有复杂风险和收益特征的投资产品。新加坡金融管理局（MAS）意识到这些产品给了投资者更多的投资选择，但复杂的产品特性会使投资者很难理解产品的风险收益特征以及收益在不同情景下的变化情况。因此，MAS 在2014 年发布了一份征求意见稿，提出产品风险可以从两个维度进行评估：产品复杂度，即理解产品风险收益特征的困难程度；产品损失风险，即投资本金损失的可能性。

① 产品复杂度。

复杂度低的产品,其产品价值应该和底层资产价格的变动具有相当直接的关系;复杂度高的产品,应该会有一系列因素显著改变产品价值和底层资产价格之间的关系。一个投资产品的复杂度评级可以通过四个因素来决定:结构层级的数量;衍生品的使用;估值模型的公开度;收益结果的数量。对于每一个因素,一个投资产品会被赋予低、中、高等级(见表 3.1)。将每个因素的得分加权后得到最终的复杂度评级:低、中、高、非常高(见表 3.2)。

表 3.1　复杂度评级考虑的因素

因　　素		低	中	高
结构层级的数量	标准	1 层	2 层	大于 2 层
	得分	1	3	5
衍生品的使用	标准	无	至多 2 个	大于 2 个
	得分	1	3	5
估值模型的公开度	标准	公开可得	通用	专用
	得分	1	2	3
收益结果的数量	标准	1 个	2 个	大于 2 个
	得分	1	3	5

表 3.2　复杂度最终评级

加权得分	复杂度评级
4—5	低
6—7	中
8—14	高
15—18	非常高

以下对每个因素分别说明:

结构层级的数量。这个因素是指可以获得决定产品收益的结构层级数量。产品结构越多,投资者越难理解产品的风险收益特征。例如,一个结构化的产品,其收益是由两个不同的底层资产决定的,则这个产品就有两层结构。结构层级另一方面的含义是指介于投资者和底层资产之间的结构的数量。例如普通的股票会被认为是只有一层结构,是因为投资者直接面对底层资产——即发行方。与之相对比,由于基金将会由基金经理每天对底层资产进行管理和控制,这一额外的结构层级增加了基金的复杂程度,因此被认为其含有两层结构。基金中基金(FOF)则被认为具有三层结构。

衍生品的使用。这个因素是指产品中衍生品的使用情况,可以是由于产品本身是衍生品(如期权、远期、互换等),或产品含有衍生结构(如杠杆外汇交易、差价合约等)。对于基金来说,如果衍生品的目的只是用来对冲或有效组合管理,那么就不会被认为使用衍生品。在计算衍生品使用的数量时,是指所使用衍生品的类型,而不是指实际合约的数量。例如,使用利率互换的投资产品会被认为使用一种类型的衍生品。

估值模型的公开度。这个因素是指考虑了零售投资者可获得的估值模型和输入数据后,能够对产品进行估值的容易程度。产品估值模型可以分为如下三类:

● 公开可得:是指产品有知名的估值模型且模型的输入数据是可以获取的。普通股属于这一分类,因为可以通过市盈率模型进行估值,且输入数据可以从彭博或路透获取。

● 专用:是指产品发行方根据自有的专用定价模型给予产品估值。例如在场外市场交易的结构化产品,其产品提供方同时也是做市商。价格并不是公开可得的,而是仅由做市商提供,投资者在对投资产品估值时会面对很多困难。

● 通用：是指产品的估值并不依赖于公开可得的模型,但也不完全依赖于专用模型。例如期权的定价,需要使用比较复杂但也通常可得的布莱克-斯科尔斯(Black-Sholes)期权定价模型。

收益结果的数量。具有相似结构层次数目的金融产品,如果收益结果取决于不同的依情况而定的事件,其复杂程度并不相同。例如,一个具有"敲出"特征的产品比没有该特征的产品更复杂。所以,另一个衡量复杂程度的方法是决定投资产品最终收益结果的场景数量。例如,股票只会有一种收益结果,即投资者退出投资时股票的市场价格。同样,基金的收益结果取决于投资者赎回时的基金净值。而期权根据是否行权会有两种结果。

② 产品损失风险。

基于波动率、流动性、信用、久期、杠杆等因素的风险评估方法理论上可以评估产品风险。然而,它受限于所有以过去推测未来的方法,即过去的表现可能不能准确地预测未来。所以 MAS 提出使用一种简单的、事先约定的方法来评估风险,该方法是基于投资者可能损失部分、全部或超过本金的概率。表 3.3 为产品损失风险分类的示例。

表 3.3　产品损失风险分类

	低风险	中风险	高风险	极高风险
含　　义	非常低的投资金额损失风险	可能损失全部投资金额	大概率损失全部投资金额	可以损失超过投资金额
产品示例	结构性存款;新加坡政府发行的债券;AAA 评级公司债	投资级债务性证券;非集中、无杠杆、非合成的房地产投资信托基金,集合投资计划和投资连结保险	股票;商业信托;无评级和非投资级债务性证券;集中的、有杠杆、合成的房地产投资信托基金,集合投资计划和投资连结保险;双货币工具	看跌期权;杠杆外汇交易;差价合约;期货

③ 产品风险映射。

图 3.1 列示了基于复杂度—损失风险评估框架的产品映射

产品复杂度	极高				累计股票期权
	高	结构化存款	投资连结保险	结构化产品；结构化认股权证；看涨期权；双重货币投资	差价合约；看跌期权；期货；杠杆外汇交易
	中	养老保险	全球债券型基金；全球股票型基金；发达国家股票型基金	房地产投资信托基金；美国科技股指数基金；多空策略股票型基金；公司认股权证；	
	低	新加坡政府发行的债券；AAA 评级公司债	外国政府债券（外国政府投资级评级）；投资级公司债	公司股票；外国政府债券（外国政府非投资级评级）；非投资级或无评级公司债	
		低	中	高	极高
		产品损失风险			

图 3.1　基于复杂度—损失风险评估框架的产品映射

3. 投资者与产品的适配

（1）上市特定投资产品的适当性评估。

参与上市特定投资产品交易的投资者，需由持牌人或豁免金融机构对其按"投资者账户审核"（customer account review，简称 CAR）的标准进行投资者评估。审核维度包括投资者教育背景、工作情况、投资经历等。审核内容包括：

① 客户是否具有会计、精算学、商务、商务行政、商务管理、商务研究、资本市场、商业、经济学、金融学、金融工程、财务规划、计算金融学和保险相关专业的文凭或更高学历。

② 客户是否拥有类似于金融特许分析师(CFA)、金融风险管理师(FRM)的金融相关专业资格。

③ 客户在前3年内是否已具有6笔上市特定投资产品交易记录;客户是否在过去10年里有连续3年关于投资产品的发展、结构、管理、销售、交易研究或分析、提供投资产品培训的工作经验。

满足上述所列条件之一的客户即符合适当性管理要求。

被认为不具备上市特定投资产品知识或投资经验的客户,随后可通过一个由新加坡交易所设置的学习机会,证明其已对衍生工具等上市特定投资产品的特征和风险有了足够了解,则该客户可以被认为拥有上市特定投资产品的知识,即符合评估要求。

持牌人或豁免金融机构应要求客户以书面形式提供准确、完整的信息。对于拒绝提供相关信息的客户,持牌人或豁免金融机构可视其为不满足适当性审批要求的投资者。对于未满足适当性审批要求的投资者,持牌人或豁免金融机构应尽以下告知义务:书面告知投资者账户评估结果;取得投资者在知晓未通过审核的情况下仍决定开立账户的书面意见;向投资者揭示产品的相关风险,并向客户提供书面的说明;以书面形式告知客户被赋予的责任和义务;投资者将自行承担相关交易产生的后果。

未通过审核的投资者在知晓持牌机构告知的内容后,仍希望开立交易账户的,应由持牌人或豁免金融机构与本交易无直接利害关系的高级管理人员对以下事项进行判断:客户是否已了解相关产品的全部重要信息,并自主决定参与交易;财务顾问是否已将投资者未通过投资者知识评估的事实以及风险自负原则书面告知客户;是否批准客户开立指定投资产品交易账户。如高管人员不能做出上述判断的,应拒绝为客户开立交易账户。但无论客户账户评价结果如何,持牌人或豁免金融机构在给客户开户时,都应在账户资料中包含有关声明:即任何时候,客户有相关需要时,持牌人或豁免金融机构可为其提供对指定投资产品的财务咨询服务。

投资者账户审核结果有效期为三年,符合以下条件的交易账户可不受此有效期的约束:由持牌人或豁免金融机构确认通过的;该客户使用该账户在此前三年内进行一笔以上的上市特定投资产品的交易;客户使用该账户在随后三年内进行一笔以上的上市特定投资产品的交易;持牌人或获豁免金融机构已为有关客户进行一次新的客户账户审查。

(2) 非上市特定投资产品的适当性评估。

参与非上市特定投资产品的投资者,需由持牌人或豁免金融机构对其按"投资者知识评估"(customer knowledge assessment,简称CKA)的标准进行适当性评估。评估维度包括教育背景、工作情况和投资经历等。评估内容包括:

① 客户是否拥有与会计、精算学、商务、商务行政、商务管理、商务研究、资本市场、商业、经济学、金融学、金融工程、财务规划、计算金融学和保险相关专业的文凭或更高学历;

② 客户是否拥有类似于金融特许分析师(CFA)、金融风险管理师(FRM)的金融相关专业资格;

③ 客户是否已满足相关非上市投资产品的交易要求,即:在过去3年中至少具有6笔关于集体投资计划和寿险投资连结产品的交易记录;是否在过去3年中至少具有6笔关于集体投资计划和寿险投资连结产品以外的指定非上市特定投资产品交易记录;客户是否在过去10年里具有连续3年有关投资产品的发展、结构、管理、销售、交易研究或分析,或提

供投资产品培训的工作经验。

满足上述所列条件之一的客户即符合适当性管理要求。

被认为不具备非上市特定投资产品知识或投资经验的客户,随后可通过一个由新加坡银行协会和证券协会(The Association of Banks in Singapore and the Securities Association of Singapore)提供的学习机会,证明其已对指定的非上市金融产品的特征和风险有了足够了解,则持牌人或豁免金融机构可认为该客户符合评估要求。

对通过客户知识评估的客户,持牌人或豁免金融机构仍有义务向客户提供关于非上市特定投资产品的咨询意见。如客户不希望接收该意见,持牌人或豁免金融机构应记录客户决定的内容,并以书面形式告知客户对所交易产品的适当性负责。

对拒绝提供相关必要信息的客户,持牌人或金融机构可视其为不满足适当性审批要求的投资者。未通过投资者知识评估但仍希望交易非上市特定投资产品的投资者,持牌人或豁免金融机构应履行相应义务:书面告知投资者账户评估结果;持牌人或豁免金融机构应告知客户,无法继续代表客户执行非上市特定投资产品的交易。

客户在知晓持牌机构告知的内容后,仍坚持委托的,持牌人或豁免金融机构应由与本交易无直接利害关系的高管人员对以下事项进行判断:确认客户是否已理解相关产品的全部重要信息,并自主决定参与交易;确认财务顾问是否已将投资者未通过投资者知识评估的事实以及风险自负的原则书面告知客户。如高管人员不能做出上述判断的,应拒绝执行客户交易非上市特定投资产品的委托。评估结果有效期为一年,有效期届满时,持牌人或豁免金融机构应重新对投资者进行投资者知识评估,否则期满后不得接受投资者委托。

持牌人或豁免金融机构应保存客户账户审查和客户知识评估的相关

记录。这些文件应包括以下内容：客户提供的学历、工作经验和投资经验；客户衍生工具或非上市投资产品的知识与经验的报告；历次客户账户审查或客户知识评估的结果；高级管理层对开立客户指定投资产品交易账户的批文。持牌人或豁免金融机构还应以书面或电话录音的形式保存特定投资产品的交易记录，并每年更新一次客户的其他必要信息。

（3）除外投资产品的适当性评估。

对于除外投资产品的适当性评估，持牌人或豁免金融机构无需执行"投资者账户审核"或"投资者知识评估"的相关程序，但仍应按适当性管理的基本要求进行管理，包括了解投资者财务状况、投资者投资目的及投资经验等，不得将不适合的除外投资产品推荐给客户。

（4）新产品的适当性评估。

新产品是指金融机构之前未销售过的、产品发售材料中的实质性条款与此前已有产品存在差异的投资品种。

在新加坡推荐或销售新产品之前，财务顾问应当开展一次尽职调查来确认新产品是否适合目标客户。尽职调查主要包括以下几个方面：新产品适合的目标客户类型以及新产品是否与金融机构的客户匹配；新产品的投资目标；投资新产品的目标客户可能面临的潜在风险；与金融机构销售的具有类似特性的其他产品相比，投资新产品的目标客户所发生的成本费用；基于新产品的性质、主要风险和特性，财务顾问应决定新产品是否适合目标客户；新产品计划如何宣传和销售；考虑是否有必要添加额外措施，以减少财务顾问在销售新产品时获取的收益与目标客户交易新产品之间产生的利益冲突；财务顾问在向客户推荐该新产品之前所需要接受的最起码的资格认证和培训项目；以往相关客户的销售记录和财务顾问的现行评估制度是否可以充分支持新产品对目标客户的销售。最后，新产品还要再经过所有公司高级管理人员对其尽职审查的评估结果审批通过后,才能向客户推荐或销售。新产品评估记录及审批结果在批准通过之日起保留 5 年。

4. 信息披露

新加坡金融管理局在 2002 年颁布的《关于向客户披露信息及产品信息披露的通知》中,规定了财务顾问的产品信息披露要求,主要包括以下方面:

(1) 财务顾问向客户所作的任何声明不得虚假、有误导性或遗漏重大信息。

(2) 产品信息必须清晰易懂、充分,不得虚假或有误导性。

(3) 财务顾问应以书面形式向客户提供以下信息:财务顾问的公司名称、地址和电话;财务顾问获准可从事的财务咨询业务种类;财务顾问获准可提供的投资产品种类;财务顾问从事的非金融管理局监管的财务咨询业务;投资产品提供方的信息;财务顾问的代理人应提供个人投资咨询业务的资格情况。

(4) 财务顾问应向客户披露其提供投资建议的收费情况,包括向客户收取的佣金和从产品提供方收取的费用等。

(5) 财务顾问应向客户书面披露其实际和潜在的利益冲突,包括其与产品提供方之间任何可能妨碍财务顾问的客观性和独立性的关系。

(6) 财务顾问的投资建议应以明确、充分、真实且不具误导性的方式提供以下产品信息:产品的性质和目的,如产品是保险产品还是集体投资计划,目的是储蓄还是投资策略等;产品提供方的详细情况;合同中客户被赋予的权利;产品针对的客户群体;客户进行投资的金额、频率;产品收益,包括收益的金额和获取收益的时间等;产品风险;产品定价机制;客户承担的费用及支付方式;向客户提供法律要求的报告;买卖产品或索赔的程序、费用和限制;不对未来业绩作预测(除非该预测包含在招募说明书中)；在使用过去业绩说明可能获得的收益时应说明过去业绩不一定代表未来业绩。

新加坡金融管理局要求财务顾问向客户提供产品的招募说明书、产品概述及有关投资建议，并妥善保存所涉及文件。大体上常见的销售文件会包括产品简报（factsheet），产品介绍清单（highlight sheet），年度报告（annual report），产品说明书（prospectus）等。

以基金为例，产品简报一般包括基金管理人、基金管理公司、基准的细节、费用、资产配置、行业信息和风险信息，以及历史投资业绩/表现。

年度报告，是指公司每年度向其股东或持份者发布的报告书。年度报告中通常包括损益表、资产负债表等重要信息。

产品说明书，是基金公司/基金的正式法律文件，详细描述重要的基金公司信息如基金目的、策略、历史表现、经理人背景、费用，风险信息及财务报表等。产品介绍清单可以看作为精简版的产品说明书。

除此之外，风险揭示书也是很重要的产品材料之一。风险揭示书描述投资相关的风险如市场、信用、衍生品、流动性、政治、监管、货币、新兴市场、利率等风险。

5. 投资者教育

2003年10月16日，时任新加坡副总理兼金融管理局局长李显龙发起了一个财经素养的国家项目——MoneySENSE，该项目致力于促进消费者提升基本财经素养。

自该项目发起以来，MoneySENSE已经出版了超过279篇教育文献，组织的研讨会和研习会吸引了超过129 889名参与者，还发行了29种消费者指南，发行总数超过220万本。

MoneySENSE通过有趣的方式宣传财经信息和建议，例如，2006年MoneySENSE的巡回展示设计了一系列游戏，吸引了超过89 000名参观者。此外，MoneySENSE委托电视节目"金钱与理智"和"明智理财"进行宣传，有超过230万的观众收看，还有各种广播节目，听众超过360万人。MoneySENSE项目组还与新加坡理工学院合作，在学校内开办了财经素养学院。学院免费向公众提供财经教育项目，包括基础财产管理、理财规划和投资诀窍等。

这些项目的目的都是为了发展核心财务能力：理解金钱，即具备计算能力来评估成本和收益，同时也指理解经济状况如何影响到一个人；理解自己的权利和责任，即个人情况，如收入、年龄等如何影响一个人的财务决定；管理每天的钱财，即能够做好预算，量入为出地生活，负责地使用信贷工具；提前规划，即能够制定财务计划来帮助自己谨慎地管理自己的资源，如收入、债务、储蓄和投资；选择合适的金融产品，即在决定是否选择某金融产品时，需要理解该产品(例如借记卡、信用卡、贷款、保险和投资)的目的、特点、风险和成本，且知晓应当考虑的因素和应当提出的问题。

第4章

投资者适当性关联制度的分析

在理解投资者适当性时,需要厘清与投资者适当性相关的方方面面。尤其是在我国,资产管理业务创新方兴未艾的同时,存在这样或那样的问题。更有必要就合格投资者制度、刚性兑付、金融科技、金融监管、权利救济等与投资者适当性的关系作清晰定位。

4.1　合格投资者制度检讨

4.1.1　合格投资者制度定义

对于合格投资者制度,其理解有狭义和广义两种。

狭义的理解是指对投资者适格性的规定,是指对于投资者参与某项具体投资的资格和要求,或者获得某些便利和优惠的要求。

广义合格投资者制度作为一种制度安排,目前在各国都没有单一的法律规定,而是散见于法律原则、法律法规之中。分布于公开市场、私募市场、期货市场等各种市场中。一般来说,其主要内容包括:投资人应如何分类,向不同的投资人应提供哪些不同水平的服务;投资人的经验和知识如何评估；投资人如何知悉拟投资产品的情况、风险，获得充分的信息和相关知识；投资人如何了解交易本身的信息；中介机构在其中具有哪些义务等。

4.1.2　相关国家和地区合格投资者制度

一个国家或地区的合格投资者制度受多种因素影响，其中该国或地区的市场发展历史及现状、监管体制、文化因素尤为关键。表现在对合格投资者认定时，分别采取"较为宽松的原则导向""原则导向与规则导向相结合""较为谨慎的规则导向"。

虽然原则不一，但有一个共同特点，就是美国、英国、日本及中国台湾和香港地区等对投资者进行划分，均采用了对专业投资者或合格投资者进行界定的方式，排除在专业投资者或合格投资者之外的即为一般投资者。在界定专业投资者或合格投资者过程中，较多采取定性与定量相结合的方式，判定和考量因素主要包括投资者的性质、投资者的资产状况等与投资相关的规模指标等客观标准，以及投资者的专业知识、专业能力、经验和风险承受能力等主观因素。以下简要介绍相关国家对合格投资者的认定。

1. 美国

美国的合格投资者，主要界定于发行产品不需要到美国证券交易委员会注册的私募领域，美国证券交易委员会目前主要根据三个相对客观、易于操作的标准来界定谁属于合格投资者：

（1）具有相应的投资经验，能够正确评估投资风险，符合这个标准的多为机构投资者。

（2）与证券发行人关系密切足以获取与发行相关的信息，符合这个标准的多为发行人的关联人。

（3）具有一定资产或相对富裕能够承担投资失败的风险，符合这个标准的多为富裕的自然人。具体为：拥有净资产100万美元的自然人，个人最近两年年所得平均超过20万美元或者与配偶最近两年合并所得平均超过30万美元。目前，计算自然人合格投资者的100万美元净资产时，将其首要居所的价值排除在计算之外。同时，美国证券交易委员会建议提高自然人作为合格投资人的净资产及收入标准。

根据这三个标准，美国证券交易委员会列举出八类合格投资者，属于机构的有五类，属于自然人的有三类。从机构的情况看，主要是金融机构和投资公司，以及符合条件的信托理财和养老金。从自然人的情况看，主要是内部的特殊关系人和富裕的自然人。

2. 新加坡

新加坡将投资者分为合格投资者和普通投资者并给予不同的保护措施。对于合格投资者，可适当降低金融机构产品信息披露要求。

在投资产品时，新加坡监管对投资者的准入标准更侧重于考量投资者金融专业知识方面。所有购买复杂产品的投资者必须通过投资者知识评估（CKA）和投资者账户审核（CAR）。能通过评估的投资者必须具备金融专业文凭或金融从业经历，如没有相关经历的，则需要参加新加坡金融监管局认可的培训和知识水平测试。

3. 日本

日本将投资者分为专业投资者和一般投资者，其中专业投资者包括：不可申请变更为一般投资者的专业投资者（合格机构投资者、日本政府、日本银行、投资者保护基金等）；可以申请变更为一般投资者的专业投资者（地方政府、公开招股公司、资本金在5亿日元以上的合资公司等）；由一般投资者申请变更而成的专业投资者（法人、净资产和投资资本均在3

亿日元以上的个人等)。

4. 中国香港

我国香港地区也将投资者分为专业和一般投资者。对专业投资者分为两大类:第一类专业投资者,主要是指市场专业机构,包括交易所、结算所、经纪公司、投资银行和保险公司等;第二类专业投资者,指包括符合一定资产要求的机构或个人(担任一项或多于一项信托的信托人而在该信托下获托付不少于4 000万港元或等值外币的总资产的信托法团;单独或联合于某共有账户拥有不少于800万港元或等值外币的投资组合的个人或机构等)。

5. 中国台湾

我国台湾地区的合格投资者是指符合以下条件之一者:(1)专业机构投资者:银行、保险公司、证券商、基金管理公司等金融机构;(2)总资产超过新台币5 000万元的法人或基金;(3)同时符合以下三项条件的自然人投资者:①提供新台币3 000万元以上的财力证明;②投资者具备充分的金融产品专业知识或交易经验;③投资者充分了解受托或销售机构受专业投资人委托投资可免除的责任,并同意签署为专业投资者。

在研究了相关国家和地区合格投资者制度后,笔者认为,如下几点在国内合格投资者制度建设中值得借鉴:

(1)不应当仅将财富水平作为合格投资人的衡量标准,而应当综合考量,包括投资者的教育程度、专业能力、投资经验、风险敏感度等。

(2)认定合格投资者后,可以不再设置起投金额以及人数限制,有效降低投资者资产配置集中度,分散风险。

(3)一个国家或地区对所有的资管产品应当执行统一的合格投资人标准。

4.1.3 中国合格投资者制度的发展

由于中国投资市场起步晚,加之一直分业经营、分业监管,因此没有统一的投资者适当性管理制度和合格投资者标准。在市场起步阶段,按产品分别规定合格投资人标准。随着市场的发展,监管部门意识到除了针对特定产品的合格投资人标准外,为了更好地保护投资者利益,需要以全方位的投资者适当性管理来规范资产管理业务的发展。

1. 特定产品的合格投资者标准

不同的监管机构,根据产品不同,明确相关产品的合格投资人需要满足的条件。比如信托计划、券商资产管理业务、基金子公司资产业务、私募基金等分别规定了不同标准。

(1) 集合信托业务。

《信托公司集合资金信托计划管理办法》规定,合格投资人,是指符合下列条件之一,且能够识别、判断和承担信托计划相应风险的人:

① 投资一个信托计划的最低金额不少于 100 万元人民币的自然人、法人或者依法成立的其他组织;

② 个人或家庭金融资产总计在其认购时超过 100 万元人民币,且能提供相关财产证明的自然人;

③ 个人收入在最近三年内每年收入超过 20 万元人民币或者夫妻双方合计收入在最近三年内每年收入超过 30 万元人民币,且能提供相关收入证明的自然人。

(2) 券商资产管理业务。

《证券公司集合资产管理业务实施细则》规定,合格投资人要求是客户数量 200 人以内,单个客户的资产净值不得低于人民币 100 万元,且单个客户参与金额不低于 100 万元人民币。

（3）基金子公司资产管理业务。

《基金管理公司特点客户资产管理业务试点办法》规定，合格投资人要求是客户数量 200 人以内，单个客户的资产净值不得低于人民币 100 万元且单个客户参与金额不低于 100 万元人民币。

（4）私募基金业务。

《私募投资基金监督管理暂行办法》规定，合格投资人是指具备相应风险识别能力和风险承担能力，投资于单只私募基金的金额不低于 100 万元且符合下列相关标准的机构和个人：

① 净资产不低于 1 000 万元的机构；

② 金融资产不低于 300 万元或者最近三年个人年均收入不低于 50 万元的个人。金融资产包括银行存款、股票、债券、基金份额、资产管理计划、银行理财产品、信托计划、保险产品、期货权益等。

（5）银行理财业务。

需要注意的是，我国银行理财产品相关制度并没有明确的合格投资者的说法，但从相关规定的内容看，可以认为虽然在称呼上为高资产净值客户，实质其就是合格投资者。如《商业银行理财产品销售管理办法》规定，高资产净值客户是满足下列条件之一的商业银行客户：

① 单笔认购理财产品不少于 100 万元人民币的自然人；

② 认购理财产品时，个人或家庭金融净资产总计超过 100 万元人民币，且能提供相关证明的自然人；

③ 个人收入在最近三年每年超过 20 万元人民币或者家庭合计收入在最近三年内每年超过 30 万元人民币，且能提供相关证明的自然人。

（6）资管新规中的合格投资者。

作为规范资管业务的纲领性文件，《关于规范金融机构资产管理业务的指导意见》中也明确了合格投资者标准：

合格投资者是指具备相应风险识别能力和风险承担能力，投资于单只资产管理产品不低于一定金额且符合下列条件的自然人和法人或者其他组织。

① 具有2年以上投资经历，且满足以下条件之一：家庭金融净资产不低于300万元，家庭金融资产不低于500万元，或者近3年本人年均收入不低于40万元。

② 最近1年末净资产不低于1 000万元的法人单位。

③ 金融管理部门视为合格投资者的其他情形。

合格投资者投资于单只固定收益类产品的金额不低于30万元，投资于单只混合类产品的金额不低于40万元，投资于单只权益类产品、单只商品及金融衍生品类产品的金额不低于100万元。

根据陆金所的数据分析，满足收入条件与满足金融资产条件的客群分别呈现了不同的画像特征(图4.1)。

	满足收入条件	满足资产条件
性别分布	66%为男性	60%为女性
年龄分布	30—50岁占比为86%	40岁以上的占比为76%
地域分布	北上广深占比87%；二线城市占比9%	北上广深占比41%；二线城市占比37%
风险承受力	C4占比53%，风险偏好较高	C1—C3的占比58%，风险偏好较低

图4.1 两类客群画像特征

通过对两类客群的差别分析，发现几点非常有趣的现象：男性仍是主要经济支柱，但以家庭为单位的理财主导权却是由女性掌控居多；高收入阶层主要集中在北上广深，但是能将收入积累成金融资产的，北上广深与二线城市相比优势并不明显；金融资产越高的客户，追求资产的安全性、追求稳健理财的占比反而越高，风险承受力表现明显弱于收入达标的客群。通过对这些现象的分析，我们可以更好地理解客户，建立精准的适当性匹配。

2. 现行合格投资者制度的不足

我国现行的合格投资者制度虽较之前有长足的发展，但仍存在不足之处。

（1）资管新规出台前，以起投金额100万界定合格投资者。

我们发现，我国现行的合格投资者界定，均是以投资者的客观财力作为主要评估依据，并辅之以起投金额。在现实中，经营机构依赖传统的手段，无法在可接受的成本范围内，对每个普通投资者的财务实力都进行深入的调查取证。在资管新规即《关于规范金融机构资产管理业务的指导意见》出台前，大部分经营机构直接以100万元起投金额作为认定标准，从而省去对投资者客观财务实力验证的麻烦。以起投金额界定合格投资者是否合适？这值得考量。

以较高的起投金额界定合格投资者并非国际成熟金融市场的通行做法，且存在一定弊端：一方面，较高的起投金额剥夺了部分实际具备风险承受能力投资者的投资自由。一个人的风险承受能力不仅与财力有关，更与其风险偏好、风险认知水平、投资经验等因素有关。单纯以起投金额界定合格投资者，将导致众多有能力保护自己的投资者丧失交易机会，影响资源的配置效率，并进一步加剧社会收入分配体系的两极分化，与中央领导提出的"不断提高金融服务的覆盖率、可得性和满意度，满足人民群众日益增长的金融需求"的精神不符。另一方面，设定最低投资金额的门槛会让投资者的投资金额人为集中，反而增加风险。较高的起投金额也间接增大了投资者的投资风险。比如，某一投资者已经达到了合格投资者的年收入要求,现在有 100 万元的资金可投,与只能购买一个 100 万起投的理财产品相比,买 10 个 10 万元起投的产品实际上更能分散投资风险、保护该投资者的利益。

(2)以单一问卷方式评估合格投资者风险承受能力。

目前几乎所有的金融机构都会通过单一问卷调查的方式完成对投资者的评估。笔者认为,仅仅依靠单一问卷的形式,无法对投资者风险承受能力进行准确的评估,这是因为:首先,投资者在回答问卷时,往往会带有一定的心理预期,希望展现一个别人眼中的自己,未必是真实的。若金融机构对其提供的答案不加验证就予以采信,往往会对用户的真实风险承受能力评估产生较大的偏离。根据中国平安集团应用大数据技术对百万问卷样本进行验证发现,仅靠传统问卷得出的结果对投资者风险承受能力的误判率达到 60% 以上,效果不佳。其次,每个人的风险偏好和风险认知程度是在不断变化的。单一问卷采用相对固定的置式和测评方法,无法动态反映投资者风险承受能力的变化。再次,由于客观存在的分业监管制度,统一的合格投资者监管体系尚未建立。每家金融机构都有自己的问卷,问卷内容不同,一个投资者在不同金融机构测评的结果也不一致。这不但造成了投资者的困扰,也令金融机构的投资者风险承受能力测评实质上成为应付监管的手段。

由此可见,采用单一问卷调查的方式局限性明显,无法对投资者的风险承受能力作出准确评估。

4.1.4 合格投资者制度与投资者适当性关系

1. 现实中的争议与关注

合格投资者制度与投资者适当性究竟是何关系?厘清合格投资者制

度与投资者适当性的关系,有理论和实践双重意义。

在我国,关于合格投资者制度与投资者适当性关系,有几种观点,有的将合格投资制度与投资者适当性混同,认为两者是同一内容;有的认为只需要合格投资者制度即可,投资者适当性制度可有可无。笔者认为,合格投资者制度不等于投资者适当性,合格投资者制度是投资者适当性的组成部分。

在实践中,无论是监管立法,还是金融机构,都较多考虑合格投资者制度,而较少关注投资者适当性。在规章制度中,不仅明确了合格投资者制度,而且对合格投资者的认定标准都非常明确。比如,《信托公司集合资金信托计划管理办法》规定,集合资金信托计划的委托人必须是合格投资者,《证券公司客户资产管理业务管理办法》规定,集合资产管理计划应当面向合格投资者推广,合格投资者累计不得超过 200 人。在金融机构,也很少有人讲投资者适当性,大家关注的是哪些人可以买哪些理财产品,而评定的标准就是起投金额,即使对投资者进行风险承受能力测评,其出发点无非是满足监管要求,而不是考虑了解投资者并推荐适合投资者的产品。可见合格投资者观念深入人心,而投资者适当性则少有关注。

随着市场的发展,除了针对特定产品的合格投资者标准外,为了更好地保护投资者利益,建立更有效的投资者适当性管理制度显得更为迫切。中国证监会对此进行了积极探索,并出台了《证券期货投资者适当性管理办法》,已经于 2017 年 7 月 1 日正式实施。作为投资者适当性管理的基本规范,就证券期货市场,首次对投资者基本分类做出了统一安排,明确了产品分级和适当性匹配的底线要求,系统规定了经营机构违反适当性义务的处罚措施。

具体来看,一是形成了依据多维度指标对投资者进行分类的体系。统一了投资者分类标准和管理要求,解决了投资者分类无统一标准、无底线要求和分类职责不明确等问题。二是明确了产品分级的底线要求和职责分工，要求建立层层把关、严控风险的产品分级机制，建立了监管部门确立底线要求、行业协会制定产品或者服务风险等级名录、经营机构具体划分产品或者服务风险等级的体系。三是规定了经营机构从了解投资者到纠纷处理等各个环节应当履行的适当性义务，全面从严规范了相关行为，突出了适当性义务规定的可操作性，细化了具体内容、方式和程序，避免成为原则性的"口号立法"。四是突出对于普通投资者的特别保护，向投资者提供有针对性的产品及差别化服务。

值得注意的是，《证券期货投资者适当性管理办法》仅将投资者分为普通投资者和专业投资者，而没有特别明确合格投资者。但办法同时规定可以考虑风险性、复杂性以及投资者的认知难度等因素，从资产规模、收入水平、风险识别能力和风险承担能力、投资认购最低金额等方面，规定投资者准入要求。即可以理解为特定产品的合格投资者标准仍然有效。

2. 合格投资者制度不等于投资者适当性

无论如何，合格投资者制度都不能等同于投资者适当性。合格投资者制度起源于美国。信息披露是美国资本市场的核心，有着非常严格的要求。美国罗思教授在《美国证券监管法基础》一书中写道："这八部联邦制定法还有一个不变的主题，即披露、披露、再披露。实质监管有其局限性，但'真实使你获得自由'"。①按照美国《1933 年证券法》的要求，提供或者出售证券必须在美国证券会注册，并按照要求进行信息披露，除非获得豁免。该法规定了豁免的情形，其中之一是根据 Regulation D 的 505、506 规则（条例 D，美国证监会的条例，监管无投资银行参与的私募项目

---

① 参见路易斯·罗思、乔尔·赛里格曼：《美国证券监管法基础》，法律出版社 2008 年版。

的豁免），如果私募项目卖给合格投资者（accredited investors），可以豁免。该规定的基本理念是合格投资者"能够实施自我保护、不需要立法注册制度保护"。其实质是对特定人群发行特定产品时豁免注册和信息披露。美国最高法院认为，注册的目的是为了使投资者获得投资所必需的信息，以便自行做出投资决策。如果投资者有能力获得注册制下的信息，那么面向此类投资者的发行当然可豁免注册。这一制度的实行，将公众投资者挡在门外，保护了公众投资利益的同时，促进了资本形成。

就我国的相关合格投资者制度看，其实质是将投资者进行某种区分，符合一定条件的投资者即可被认定为合格投资者，合格投资者制度实际上是一种市场准入制度，被认定为合格投资者的投资者才能进入某一特定市场，或参与某类特定业务、买卖某类特定产品。

总之，合格投资者制度主要是从市场风险、投资者本身的角度，设定其需要满足的条件和门槛。而投资者适当性，其核心是在对投资者了解的基础上将合适的产品销售给合适的人。

4.1.5　完善合格投资者制度

按照美国《1933 年证券法》的立法精神和最高法院的判例，合格投资者是那些有足够自我保护能力，不需要注册制下提供的信息就能够作出投资决策的投资者。所以合格投资者制度的核心就是将这种自我保护能力的认定标准具体化。就美国和我国看，主要以财务条件对合格投资者进行定义，同时辅之以特定的机构。财富水平是否能够代表自我保护能力，是否还有其他判断标准？这是一个仁者见仁、智者见智的问题。美国证监会认为，相关学术研究表明，资产净值较低的个人投资者热衷于"不理性"的投资活动，而资产净值或收入较高的个人投资者则不会如此。同时美国证监会也承认,财务状况只是反映个人投资者自我保护能力的指标之一。为了促进资本形成,同时给更多的理性投资者更多的投资渠道,应当对合格投资者制度进行完善。

1. 完善合格投资者认定标准

合格投资者的核心是强调投资者自我保护能力,识别投资者自我保护能力是关键。笔者认为,自我保护能力依赖多个方面,包含财富实力、知识经验、受损失心理承受能力等等。既可以将各种因素混合考察,也可以就某一方面单独考量。最终识别出有足够自我保护能力的投资者,以实现繁荣市场(金融机构)和拓宽投资渠道(投资者)的双重目标。

2. 将合格投资者制度纳入投资者适当性

合格投资者的功能,一方面是限制性的,即限制某些不符合条件的投资者进入到特定的产品市场或者把不合格的投资者剔除出特定的产品市场,从而避免因这些不合格投资者而导致过高的市场风险。另一方面又是培育性的,即通过各种制度保障和手段为市场培育越来越多的合格投资者,从而活跃市场和提供市场流动性。通过两方面功能的实现,最终达到保护投资者和促使资本形成的双重目的。笔者认为,要充分发挥合格投资者制度,让两者处于动态平衡,最有效的办法是将合格投资者制度纳入投资者适当性,使合格投资人制度作为投资者适当性的一部分。

4.2　投资者适当性与刚性兑付

4.2.1　刚性兑付的定义及标准

刚性兑付的官方定义出现在中国人民银行发布的《中国金融稳定报

告2014》中。该报告指出："刚性兑付"是指当理财资金出现风险、产品可能违约或达不到预期收益时，作为发行方或渠道方的商业银行、信托公司、保险机构等为维护自身声誉，通过寻求第三方机构接盘、用自有资金先行垫款、给予投资者价值补偿等方式保证理财产品本金和收益的兑付。

《关于规范金融机构资产管理业务的指导意见》首次规定了刚性兑付的认定标准：

（1）资产管理产品的发行人或者管理人违反公允价值确定净值原则对产品进行保本保收益。

（2）采取滚动发行等方式使得资产管理产品的本金、收益、风险在不同投资者之间发生转移，实现产品保本保收益。

（3）资产管理产品不能如期兑付或者兑付困难时，发行或者管理该产品的金融机构自行筹集资金偿付或者委托其他金融机构代为偿付。

（4）人民银行和金融监督管理部门共同认定的其他情形。

4.2.2　刚性兑付的成因

刚性兑付的形成，有着较为复杂的历史和现实原因。我国过去曾长期处于计划经济体制下，目前仍是一个新兴加转轨的不完善的市场经济体，一定程度上存在着金融抑制现象。以银行为代表的间接融资在金融体系中占据绝对主导地位，且利率长期受到行政管制。直到近年来，随着资本市场逐渐发展，各种金融工具丰富了投融资形式，证券、基金、保险和信托等各类金融机构，也渐渐成为金融市场上不可或缺的重要力量。然而，金融体系的变革是一个漫长的过程。民众、金融机构、各级政府及监管部门出于各自利益考虑，共同维持着刚性兑付。就这样，在参与博弈各方的利益和约束条件下，刚性兑付形成了类似"囚徒困境"的"纳什均衡"。

1. 审批制及监管介入特定事件是刚性兑付产生的起因

刚性兑付起源于 20 世纪 80 年代的中国债券市场。众所周知,债券是一种安全性较高、流动性强、回报优于银行存款的固定收益工具。我国在企业债发行初期,实行审批制,政府把控着谁有资格发以及用怎样的利率发。政府的审批与筛选,无疑给投资者传递了一个信号——被批准发行的债券,就是被政府信用所担保的,肯定能按时收回本息。这应当是我国最早的刚性兑付。

早期在个别案例的处置中,监管部门暗示金融机构进行刚兑。如2004 年某信托计划失败后,为了所谓的市场稳定,当时的监管部门就提出该信托产品到期时,信托公司应保证让投资者获得本金收益。之后在处置其他类似案例时强调了同样的精神。通过个案的示范效应,金融机构逐步形成路径依赖,默认了刚性兑付的行业潜规则。相应地,投资者也会从自身利益出发,认可并欢迎此规则,投资没有风险的错误认知进一步根深蒂固。

2. 金融机构助长了刚性兑付

一方面,因金融机构本身的行为,在兑付出现问题时,不得不进行刚性兑付。这是由于三个原因。一是事实上的“资产池”和“资金池”运作模式,底层资产风险不透明,没有向投资者全面、真实、客观、及时进行信息披露,尤其是风险披露缺失。二是销售误导,理财产品销售中存在误导行为,销售人员在销售理财产品时,也大力宣传理财产品无风险。三是对产品评价不客观,尤其是推出的有预期收益率的理财产品,更是强化了刚性兑付。股票、基金亏损了没有刚性兑付,是因为没有机构给投资者提供该股票、基金的预期收益(当然,也出现过新发基金大幅亏损,投资者要求赔偿的极端事件。该案中要求赔偿的对象不是基金公司,而是代销银行,实际上是银行销售误导造成)。

另一方面,因商业上同业竞争及自身信誉的考虑,也不得不进行刚性兑付。为了维护机构牌照价值和自身声誉,有的金融机构在个别金融产品收益达不到预期或出现亏损时,可能会权衡利弊进行刚性兑付,选择以自有资金或其他方式兜底垫付。单个产品的违约可能引发对发行机构的不信任,导致其他投资者对这一机构的此类产品、其他产品减少投资,严重的甚至可能导致投资者对这一类机构的产品减少投资或索取更高的风险溢价。例如近年信托发生了一些违约案例,虽然最后有惊无险地基本兑付了,还是引发了投资者对风险的忧虑,使信托业增速放缓。这是打破刚兑的先兆,并非坏事,但投资者可能会过度反应,对这类机构或这类产品从此索取更高的风险溢价,投资意愿大大降低,可能造成这类机构甚至行业的流动性风险,使原本安全的投资因资金无法接续出现风险。国内银行理财业务在 2008 年受金融危机影响,发生过一些 QDII 产品严重亏损的事件,对这些银行声誉也造成一定影响。一些外资银行在国内发行的理财产品亏损,造成其理财业务发展并不理想。

3. 投资者认识的局限,强化了刚性兑付

长期以来,投资者对理财产品存在着错误预期,认为理财产品事实上不存在风险,本息能够安全兑付。这和我国理财产品的发行主体主要是银行有关。由于银行的主营业务是存贷款,对于老百姓来说,资金存放在银行是万无一失的,这种观念根深蒂固。同时,金融机构和监管部门的某些作为,也从效果上助长了投资者认识的误差。对于金融机构而言,尤其是对从业者,在绩效考核导向下,为了自身业绩,不真实宣传和销售误导屡见不鲜,往往会对投资者夸大理财产品的收益和安全性,较少或者隐瞒理财产品风险。监管机构,为了维护金融和社会稳定,防止诱发群体性事件,在特定的情况下,也会要求金融机构进行刚性兑付,而不管金融机构有无过错。比如 2014 年银监会《关于信托公司风险监管的指导意见》(99

号文)中指出"项目风险暴露后,信托公司应尽全力进行风险处置,在完成风险化解前暂停相关项目负责人开展新业务",这条款一出,信托公司为了继续开展业务和保护自己稀缺的牌照,遇到兑付问题项目,必须尽快全力"刚性兑付"。

4.2.3 刚性兑付的影响

1. 负面影响

近年来,银行、信托、证券等各类理财产品快速发展,刚性兑付现象日益凸显,扭曲了市场规则,干扰了资源配置方式,带来了诸多问题。

理财产品的刚性兑付是在产品合同之外的一种补偿,是一种违背市场经济的行为。这种行为具有巨大的危害:一是增加了金融体系的整体风险,扭曲了金融生态环境。刚性兑付导致理财产品的风险和收益不匹配,诱发投资者资产配置不合理调整,抬高了市场无风险资金定价,引发了资金在不同市场间的不合理配置和流动。资金加速流向高收益的理财和非标准化债权产品,商业银行的存款流失,债券市场、股票市场和保险行业的资金被挤出。二是导致资本市场难以健康发展。市场无风险利率上升,也造成蓝筹股市盈率下降,债券市场和股票市场低迷。三是扰乱政府的行业调控。金融机构为吸引投资者,也会忽视项目的风险,往往投向利率不敏感的地方融资平台和房地产等调控领域,并通过资金挤出效应等渠道,加剧了中小企业"融资难""融资贵"。造成房地产行业的虚假繁荣和政府负债的膨胀。四是形成社会不稳定因素。刚性兑付引发投资者道德风险,投资者不愿自担风险,经常发生群体性事件。一些理财投资者的风险承担意愿远低于股票、外汇、基金投资人,过于追求收益,不愿自担风险,如果不能按照预期兑付,可能拥堵机构网点,要求机构偿付资金,形成社会不稳定因素。

2. 积极作用

刚性兑付,在没有落实投资者适当性的前提下,有其存在的积极意义。

一方面,确实在一定程度上保护了投资者的利益。每一次、每一个产品出现风险而最终刚性兑付时,受益的是投资者,金融机构损失了利润,表面上不符合合同约定,与契约精神不符。但如前所述,刚性兑付的存在,是政府、金融机构、投资者三方合力的结果,但在促成刚性兑付方面,三者谁的责任更大,应当是显而易见。而且,投资者永远处于弱者地位,需要以特别方式特别保护,也才能最终有效。况且,相对于投资者的不理性,金融机构应当理性,但为何金融机构会选择刚性兑付呢? 个中缘由,值得深思。在现行体制下,刚性兑付,纳税者最终买单,只是在不同主体间转移了利益,如何解决,需从更深层次找原因及解决办法。虽然"存在即合理"并不科学和可取,但在当前金融市场环境下,从投资者弱者地位这一特性的角度考虑,刚性兑付的存在的确有其一定的合理性。

另一方面,它能在一定程度上防范金融机构道德风险。当前中国投资者投资理念尚不成熟,投资能力整体有待提高,对风险的识别和判断能力有限,尤其是一些个人投资者,无法识别投资项目好坏,更多是基于对产品发行过程中金融中介机构的信任。当前的刚性兑付,往往是在项目产生风险后,由项目的金融中介承担责任,或者牵头处理,如果解决不当,很可能影响其日后业务的扩张和产品的继续发行或销售。这就使得相关的金融机构有动力主动识别风险、控制风险,将优质产品和项目推向市场,减少了金融中介机构利用信息不对称的优势,为赚取中介费用(中间费用)而欺骗投资者的可能性。

4.2.4　刚性兑付与投资者适当性

关于刚性兑付与投资者适当性,笔者的观点是:没有有效履行投资者适当性是刚性兑付存在的决定性因素之一;只有落实投资者适当性,才有可能打破刚性兑付。

1. 刚性兑付的存在与投资者适当性

市场上有一种很流行的说法,刚性兑付是因为没有落实"买者自负"。笔者不以为然,恰恰相反,笔者认为刚性兑付的存在在很大程度上是因为没有落实"卖者尽责"。金融机构如果对产品进行充分信息披露,客户可以全面了解产品并做决策;金融机构如果不夸大收益和安全,并在充分了解客户的基础上不进行销售误导,那么即使产品不能兑付,客户也没有"他们说产品没有风险"的理由。另外,对投资者教育落实到位,既可以让投资者了解产品,也更有利于投资者树立风险意识。金融机构履行了这些义务,则刚性兑付三股力量合力的一方,金融机构的原因就不再存在。唯有如此,才能在投资产品不能兑付时讲"契约自由与契约精神",才能要求"买者自负"。而投资者适当性的核心就是要求金融机构了解投资者、了解产品、对产品进行充分信息披露、在产品风险等级与投资者风险承受能力之间作出精准匹配、进行投资者教育。所以,如果投资者适当性有效运行,刚性兑付的基础,至少是基础之一将不复存在。

2. 刚性兑付的打破与投资者适当性

破除刚性兑付是除投资者以外方方面面的共识,并提出了各种解决方法。打破刚兑不能一蹴而就。在相关准备工作尚未完成的前提下,直接打破市场刚兑,不仅可能令投资者造成损失,更可能引起民众对金融机构的信任危机,引发市场恐慌,造成系统性风险。笔者认为,打破刚性兑付,其关键和核心之一是落实投资者适当性。可以说,没有投资者适当性,就不可能打破刚性兑付。

在打破刚兑的准备工作中,有效落实投资者适当性管理无疑是重中之重。"卖者有责"与"买者自负"共同体现了现代金融交易的诚信原则与契约精神。打破刚性兑付的前提条件是"卖者有责"。在卖者未尽职责的前提下要求"买者自负"是不公平的。投资者适当性的内容与卖者的"职责"高度吻合:一方面,要求卖者在产品风险等级与投资者风险承受能力之间作出精准匹配,避免不当销售;另一方面,要求卖者在产品存续期内,持续、客观地披露产品信息和风险,使投资者在信息相对充分的条件下作出选择判断。

目前,投资者适当性已引起了监管层的高度重视。2017 年 7 月 1 日开始实施的《证券期货投资者适当性管理办法》,首次对证监会辖内金融机构的投资者适当性管理作出了统一规范。2018 年 4 月 27 日开始实施的《关于规范金融机构资产管理业务的指导意见》,首次规定了资管行业必须加强投资者适当性管理。但对整个资管行业而言,仍存在如下问题待完善。一是未形成对所有资管机构投资者适当性的统一标准,仅仅是原则性规定。针对银行、信托、保险等金融机构的监管规范仍散落在多个制度中。二是依靠传统单一问卷手段,对投资者风险承受能力评估欠准确。三是未强化金融机构的投资者教育职责。切实加强投资者教育,提升投资者尤其是中小投资者的投资素养和知识水平,是防范和化解金融风险、维护金融稳定的基础性工作。金融机构应通过多种渠道深入普及"卖者尽责、买者自负"的投资理念,培养投资者风险自担的意识,提升风险识别能力,为打破刚兑做好投资者的心理准备工作。

4.3 投资者适当性与金融科技

4.3.1 金融科技定义

1. 定义与内涵

"金融科技"FinTech,是 Financial Technology 的缩写。2011 年 Fin-Tech 被正式提出,之前主要是美国硅谷和英国伦敦的互联网技术创业公司将一些信息技术用于非银行支付交易的流程改进、安全提升,后来这些科技初创公司将大数据、人工智能(AI)、机器学习等各种最前沿的信息与计算机技术应用到证券经纪交易(brokers)、银行信贷(lending)、保险(insurance)、资产管理(wealth/asset management)等零售金融业务领域,形成不依附于传统金融机构与体系的金融 IT 力量并独自发展起来。

金融稳定理事会(Financial Stability Board,简称 FSB)于 2016 年 3 月首次发布了关于金融科技的专题报告,其中对"金融科技"进行了初步定义:广义的金融科技是指技术带来的金融创新,它能创造新的业务模式、应用、流程或产品,从而对金融市场、金融机构或金融服务的提供方式造成重大影响。("FinTech" can be broadly defined as technologically enabled financial innovation that could result in new business models, applications, processes or products with an associated material effect on financial markets, financial institutions and the provision of financial services.)

FinTech 以数据和技术为核心驱动力,基于大数据、云计算、人工智能、区块链等一系列技术创新,全面应用于支付清算、借贷融资、财富管理、保险等金融领域。金融科技利用技术带来金融创新，创新既可以包括前端产业也可以包含后台技术，正在改变金融行业的生态格局。狭义的金融科技是指非金融机构运用移动互联网、云计算、大数据等各项能够应用于金融领域的技术重塑传统金融产品、服务与机构组织的创新金融活动。广义的金融科技是指技术创新在金融业务领域的应用。

2. 金融科技在中国

（1）金融科技在中国蓬勃发展。

近年来，中国的移动支付、网络借贷、智能投顾等金融创新不断涌现，深刻改变了生产生活方式，有效提升了金融服务能力和效率，降低了金融交易成本。金融科技蓬勃发展，重塑了中国金融消费者支付、借贷和理财的方式。境外机构也非常关注和看好金融科技在中国的发展，2016 年 11 月，星展银行与安永会计师事务所共同发布了《中国 FinTech 崛起——重塑金融服务业》报告；2017 年 8 月 7 日，高盛发布了《金融的未来：中国金融科技崛起》系列报告的第一篇《支付：生态系统之门》。金融科技在中国取得的成绩，我们可以从一组数据窥豹一斑。第三方支付：从 2010 年到 2016 年，第三方支付交易规模增长了超过 74 倍；金额从 1 550 亿美元增加到 11.4 万亿美元。网络借贷：从 2013 年到 2016 年，网络借贷总资产增长了 36 倍，从 40 亿美元增加到了 1 560 亿美元。国际扩张：已达 28 个国家和地区。中国消费者可以在其他 28 个国家和地区的实体零售店使用他们的第三方支付工具。手机支付：在全部第三方支付交易中，通过手机完成的交易额已占到 75%。用户拓展：最新数据显示，中国总共已有 34 亿个第三方支付账户，其中，支付宝 5.2 亿个（2017 年 3 月末），腾讯 6 亿个（2016 年末）。相形之下，截至 2016 年末，PayPal 在全球共有 1.97 亿个账户。金融基础设施，民营资本主导：在新的中心化网络支付清算机构（网联）中，民营资本占比超过 60%。最大股东是央行、外管局旗下投资平台,紧随其后的是蚂蚁金服(9.61%)和腾讯(9.61%)。这种股东结构与现有的清算组织银联截然不同。

(2)促成因素。

金融科技在我国蓬勃发展,得益于以下几个主要因素。

一是国家鼓励,监管支持。

中国特色社会主义制度,决定了国家政策对一个行业发展的影响深重。国家政策鼓励和支持,是一个行业良好发展的必要基础条件。中共十八届五中全会明确提出了"互联网+"计划,强调实施网络强国战略,实施"互联网+"行动计划,发展分享经济,实施国家大数据战略。要求深入实施创新驱动发展战略,发挥科技创新在全面创新中的引领作用。同时国务院发布的《十三五国家科技创新规划》,也提出促进科技金融产品和服务创新。

作为金融主管部门,中国人民银行高度关注国内外金融科技发展动向。在推进金融科技与互联网金融稳步发展过程中,人民银行积极开展相关政策制度制定的建设工作。早在 2015 年 7 月人民银行就会同有关部门联合印发了《关于促进互联网金融健康发展的指导意见》,按照"鼓励创新、防范风险、趋利避害、健康发展"的总体要求,提出了一系列鼓励创新、防范风险、支持互联网金融稳步发展的政策措施。此外,在推进行业自律服务发展方面,在人民银行的指导下,中国互联网金融协会自 2016 年 3 月成立以来,把规范发展、防范风险贯穿各工作环节,全面加强行业自律。与此同时,在 2016 年 4 月,人民银行还牵头开展互联网金融风险专项整治工作,规范和引导互联网金融行业健康有序发展。为进一步加强金融科技工作的研究规划和统筹协调,2017 年 5 月,人民银行成立了金融科技(FinTech)委员会,中国人民银行金融科技委员会组织深入研究金融科技发展对货币政策、金融市场、金融稳定、支付清算等领域的影响,切实做好中国金融科技发展战略规划与政策指引。进一步加强国内外交流合作,建立健全适合中国国情的金融科技创新管理机制,处理好安全与发展的关系,引导新技术在金融领域的正确使用。强化监管科技(RegTech)应用实践,积极利用大数据、人工智能、云计算等技术丰富金融监管手段,提升跨行业、跨市场的交叉性金融风险的甄别、防范和化解能力。党、国家、监管机构三个层面,都给予金融科技发展大力支持,并引导金融科技在控制风险的基础上良性发展,为我国金融科技的发展提供了良好的宏观和监管基础。

二是市场需求规模大,生态环境优良。

截至2016年12月,中国网民已达7.31亿,相当于欧洲人口总量,互联网普及率53.2%,其中手机网民高达6.95亿,占比高达95.1%。在数字化、多渠道、全天候在线的移动互联时代,客户群体逐步体现出如下特性:互联互通,在多种设备和渠道直接自由切换;体现自我,随时随地寻找自己想要的产品;注重体验,找针对其个性和偏好的"独特体验";依赖社交,依赖"集体智慧"(社交媒体,如微信、微博、各类贴吧等)进行分享;参与设计,与服务提供商共同创造产品;获取信息,高频度获取相关内容,抛弃信息不对称;关注价格,更关注产品性价比而非品牌。要满足该类客户的金融需求,就必须做到极致体验、趋零成本、智能定制。客户的变化,传统金融难以解决,为金融科技提供了大规模需求的市场基础。同时,西方互联网企业都在垂直领域发展,中国互联网企业则全领域开发全品类市场,打造互联网闭环生态圈,生态环境优良。

三是金融业盈利高,试错空间大。

以净资产收益率(ROE)来看,中、美、欧银行业差别显著。虽然近几年有所下降,但从2007年到2016年间,中国银行业ROE均超过16%,美国在9%—10%之间,欧洲的比美国还要低。在我国,金融业开放程度不高,竞争不充分,金融业盈利水平远高于世界平均,金融创新试错空间大,有条件参与低价甚至是免费的金融科技服务竞争。

四是科技人才储备充足。

金融科技,以科技主导,科技人才至关重要,持续发展的金融科技行业需要高度熟练、思维灵活的技术工作者。在中国,高等教育的逐步普及以及科技创造财富效应的示范,培育了大量 IT 科技人才,科技人才和政府引导的科技创新中心一起,形成集聚效应。这样的人才和金融创新中心包括:北京——为数众多的国外和本土科技跨国企业以北京为其中国总部所在地;上海——国际性的金融中心;深圳——以腾讯为代表,邻近金融中心香港,是本土科技巨头总部所在地;杭州——以阿里巴巴、蚂蚁金服为代表。这些地区通过持续投资,培育金融科技企业成长的有利环境。

3.金融科技特征

（1）技术主导。

技术主导是指技术决定金融科技发展,比如数字技术和移动互联技术。数字技术的普及速度远远超出了以往的任何一种技术,数字技术史无前例的迭代速度意味着被这个技术点亮的各种服务正在被史无前例地平民化和规模化。而移动互联技术则在深刻地改变金融触达用户的成本和效率,大数据、人工智能、云计算的结合,也就是信息、算法和算力的结合,深刻地改变着了解用户、甄别风险的成本和效率。同时,区块链带来了不需要信任的信任。技术的改变使今天的金融成为了不一样的金融。金融科技公司在"基因"上继承了互联网公司"不创新则死"的特点。金融科技将各种前沿技术与理念拿到金融领域去试验、试错,快速迭代产品,急于推出具有破坏性创新的产品,这已经超越了传统金融语义下的金融市场与产品层面的"金融创新"。

（2）客群驱动。

以客户为中心是金融科技与传统金融区别最显著的特征。以商业银行为例，传统金融的基础是物理网点，客户与金融机构的纽带是客户经理，核心是产品销售与业务收入，关注的指标是存款、贷款、信用卡、资管、投行等。而金融科技的基础是互联网，纽带是移动互联，核心是用户体验与客户数，关注的指标是交易量，客户转换率，活跃客户数，流量及引流等。客群习惯的变化，导致金融正在突破条块分割，从产品为本的 B2C 到以人为本的 C2B。从金融生态行业来说，重要的不是每个机构什么都自己做，而是以用户为核心合作服务，混业的有机合作成为行业的普遍趋势。未来应该是 C2B，是用户的天下，金融科技以用户为核心构建服务生态。反过来，服务生态的改变会进一步要求金融科技追求客户体验，客群驱动金融科技的特征明显。

（3）低利润率。

金融科技的发展，尤其是在我国，时间并不长。就当前阶段的观察，低利润率是金融科技公司的重要特征之一。在平台商业模式下，平台的用户规模必须达到一个特定的门槛，才能引发足够强度的网络效应，吸引新的用户加入。在网络效应的正向循环作用下，用户规模有望实现内生性的持续高速增长，从而使得整个平台能够自行运转与维持，该用户规模门槛被称为"临界数量"。

由于平台在前期需承担较高的沉没成本，如规模庞大的广告营销、用户补贴、研发创新等各"烧钱"项，其通常在用户规模突破临界数量后才能实现大量盈利。同时，由于用户的多边属性，导致平台的各类服务及产品的生命周期都较短，只有平台持续创新，持续"烧钱"，推出新的所谓"爆款"产品，才能形成有效的、持续的用户锁定。因此，金融科技不得不更多地重视资源投入的效率，整体上只能维持相当低的利润率，至少在初创阶段和很长一段时间内,金融科技必须承受低利润率。

4. 金融科技优势

因为金融科技的参与者良莠不齐,且给社会造成了一些负面影响,导致部分人对金融科技心存偏见。但不可否认,金融科技也有其独特的优势,可以解决传统金融不能解决的痛点,能做好传统金融想做而做不成的事。

(1) 降低成本。

大家普遍认为金融天生"嫌贫爱富",这是对金融的误解。在以往的技术条件下,囿于成本效率的限制,"嫌贫爱富"是历史上金融能够在商业上可持续的前提条件。金融科技的出现,改变了传统金融需要物理网点触达、人工服务等特点,可以实实在在降低成本。互联网具有"一点接入,全程服务"的能力;金融科技无需设置庞大的实体门店和人工柜员群体,大幅压缩了中间渠道,降低了企业经营成本、提高了运行管理效率。比如移动支付开户、个人消费贷款审批等,效果非常明显。据报道,印度的Paytm在两年多时间里新增了 2 个多亿的移动支付用户。在中国,移动支付不但非常普及,而且非常实惠,比如美国的收单费率高达 3%,而中国的支付费率已经降到了千分之六甚至更低。

根据京东金融报道,在个人消费贷款方面,京东金融风控体系利用深度学习、图计算、生物探针等人工智能技术,实现无人工审核授信和放款,坏账率和资损水平低于行业平均值 50% 以上;在信贷审核方面,帮助合作银行将效率提高了 10 倍以上,客单成本降低了 70% 以上。

(2) 提升效率。

用金融科技替代传统金融人工操作,显著提升了效率。以开户为例,传统金融需要面签、提供相关证明并进行审核,金融科技可以运用技术手段完成人工操作流程。以平安集团的新加坡金融资产交易所为例,公司无物理网点,客户也无需上门开户,而是运用人脸识别、视频面签、OCR、GPS定位等技术进行客户身份识别、防范信息伪造和欺诈风险,并完成开户。其中人脸识别技术可实时获取客户影像,根据人脸特征,识别客户身份。而视频面签实现了线上的面对面交流,可远程进行客户身份验证及信息获取。OCR系统能自动扫描识别信息,降低和控制电子信息伪造风险。GPS定位则可验证客户地址信息、客户行为信息搜集,用于反欺诈、反洗钱等。

（3）拓展服务半径。

传统金融遵循二八定律,主要服务于20%的客户,其他80%客户的金融需求不能得到满足。而互联网金融具有长尾性、平等性和开放性,消除了群体差异和地域差异,满足了广大普通百姓利用闲散资金的需求;丰富了金融服务的层次和内容,有望改变传统金融资金门槛高、竞争性供给缺乏、普惠性缺失等长期不足。通过金融科技,有望使传统金融没有提供服务的80%客户享受到金融服务。

4.3.2　金融科技给金融业带来的挑战

1. 金融科技一定程度上混淆了金融本质

在过去的几年里,金融科技突飞猛进,对金融业的功能产生了一系列的冲击。于是,在部分从业人员和公司看来,金融科技属于科技,和金融无关。在金融科技尤其是互联网金融发展的初期阶段,这种观念有很大市场。各类主体一窝蜂涌入,虽然推动了行业高速发展,但由于没有认识金融科技的本质,给投资者和行业带来了伤害。金融科技的本质是金融,主导发展的是科技。余额宝、微粒贷、陆金所理财是金融科技的典范,但其实质仍然是存、贷、财富管理,只是运用了科技手段,本质没有改变。

2. 金融科技改变了客户的生态习惯

随着新技术的发展,数字化、多渠道、全天候在线的互联网时代客户逐步体现出如下特性:

互联互通,在多种设备和渠道之间自由切换。和传统金融服务不同,客户在很大程度上已经不依赖金融机构的网点,而是可以借助互联互通,在不同金融机构及同一金融机构不同渠道之间自由切换。

体现自我,随时随地寻找自己想要的产品。客户不再被动接受金融机构推荐的产品,而是根据自己的爱好,寻找自己认为合适的产品。

注重体验,寻找针对其个性和偏好的"独特体验"。客户更加注重体验,不喜欢统一标准的流程,而是希望流程符合自己个性偏好。

依赖社交,依赖"集体智慧"(社交媒体,如微信、微博、各类贴吧等)进行分享。在利用自己知识经验的同时,更加关注外部信息,尤其是其他客户在同类金融产品或金融服务中经验教训的总结和分享。

参与设计,与服务提供商共同创造产品。客户会根据自己的爱好,追求线上互动,对服务商提供的产品,提出自己的意见和看法,以此来影响服务商。

获取信息,高频道获取相关内容,抛弃信息不对称。信息不对称是传统金融的特点之一,但在金融科技时代,获取信息的渠道增加(如前述的分享),获取信息的成本大幅降低或者是零成本。

关注价格,更关注产品性价比而非品牌。金融科技的便捷性和可得性,让传统金融机构不关注的长尾客户成了活跃客户。长尾客户对价格更加敏感,在一定程度上,金融机构的品牌让位于价格优惠。

场景切入,更加注重对场景的运用。金融服务的需求在很大程度上来源于场景需求。争夺场景成了金融机构吸引客户的重要手段,比如蚂蚁金服的"花呗",京东金融的"京东白条"等。

3. 金融科技对监管提出了新要求

金融科技的迅猛发展虽然可以有效提升金融的运行效率,但同时也使金融风险呈现出隐蔽性高、传播性快等特点,给现行监管体系带来了诸多挑战,主要体现在以下三个方面:

一是金融科技的技术专业性使得金融监管难度急剧加大。人工智能、云技术、大数据建模等技术在金融领域的应用呈现出高度虚拟化、复杂化等特性,对监管机构的技术认知水平和监管资源的配备都提出了较高要求。比如智能投顾,只有监管机构充分理解每家机构资产配置模型背后的匹配逻辑和算法,才能对其进行有效监管,降低经营机构的道德风险,更好地保护投资者利益。

二是鼓励创新与防控风险之间的关系难以平衡。相较日新月异的金融科技运用与产品创新,监管天然具有滞后性。监管机构一方面不宜一味鼓励创新而失去对金融风险防范的主动权,另一方面也要适当对真正有价值、有内涵的创新给予积极的鼓励与支持。因为金融科技是未来金融发展的必经之路已成为全世界的共识,金融科技更是年轻的中国金融业弯道超车的大好机遇。如何辨别出不带来社会价值、甚至危及金融安全的"伪创新"并加以清理,同时对"有利于社会资源配置效率的提升,有利于人民大众的生活更美好"的真正金融科技创新进行保护和支持,考验着监管机构的智慧。

三是金融科技混业特征与分业监管体制不相适应。金融科技可能跨越时空限制,在不同领域、不同市场开展多元化的金融业务,混业特征更加明显,同时也使得风险跨界传染并导致系统性风险的可能性提升。目前,我国的金融监管体系仍然是以分业监管、机构监管为主的体系,在金融创新的监管上缺乏较为有效的协调机制,这可能导致日益严重的混业经营趋势与边界明晰的分业监管体系的制度性错配。

4.3.3 金融科技与投资者适当性

如前所述,金融科技,金融是本质,科技是主导。金融本质决定了金融科技需要投资者适当性,科技主导决定了投资者适当性需要利用金融科技的技术加以完善。

1. 金融科技需要投资者适当性

金融科技的本质是金融,决定了涉及金融投资的金融科技领域必须履行投资者适当性。比如以 AI 理财为代表的金融科技,只有清楚了解客户,识别产品,将产品的信息予以披露,并在此基础上提供投资组合推荐,才能最终实现将合适的产品卖给合适的投资者。和传统金融机构相比,投资者和金融科技企业没有面对面的交流、沟通,投资者教育显得更为重要,只有持续对投资者进行教育,才能让其了解金融科技的特殊之处,也才能不断培育、壮大投资者客群。

当前,我国对金融科技投资者适当性并无具体规定,监管机构和行业自律组织需要结合金融科技的特点,在遵循"了解客户、了解业务、客户与业务适配"的原则上,尽快就金融科技投资者适当性进行立法,保证金融科技良性、健康发展。

2. 利用金融科技完善投资者适当性

金融科技的技术优势,可以帮助提升投资者适当性的效率和效力。

准确评估投资者风险承受能力,是投资者适当性的关键。传统金融机构在进行投资者适当性工作时,因成本限制,通常是以问卷方式进行,手段单一,效果不佳。金融科技则可充分运用云计算、机器学习、人工智能,精准了解投资者。

引入、管控产品,传统金融机构需依靠人海战术和经验判断,不能或较少实时发现资产风险状况变化。而金融科技运用机器学习技术构建智能精准风险预警监控模型，可以用于事前调查、事中审查、事后管理等全周期场景。

在资金与资产适配上，金融科技通过投资者与产品适配的智能系统，提醒或拦截超过投资人风险承受能力的投资行为，实现更合适的适配，无需人工控制；同时，系统自动控制，也可以减少金融机构人为干涉，能避免或减少为了追求业绩让投资者购买与其风险承受能力不匹配的产品。

在投资者教育方面，金融科技可以在精准识别投资者的基础上，因人而异实现定向知识送达，如针对投资经验较为缺乏的客户，在投资复杂度较高的产品时，平台可考虑强制推送相关金融知识供其学习等。

4.4 投资者适当性与金融监管

在给投资者适当性定义时，笔者就强调投资者适当性规范的是投资者、金融机构以及监管当局三方的法律关系，而不仅仅是投资者与金融机构之间的关系。监管当局的主要职责就是对投资者适当性的运行予以监管。徒法不足以自行。任何一个国家，无论投资者适当性规定得有多么完善，如果没有相应的监管机构对金融机构进行监管，投资者适当性效果将大打折扣。金融机构是否履行投资者适当性义务，是金融监管的重要组成部分。

金融监管是金融监督和金融管理的总称，是指政府通过特定的机构对金融交易行为主体进行的某种限制或规定。金融监管本质上是一种具有特定内涵和特征的政府规制行为。综观世界各国，凡是实行市场经济体制的国家，无不客观地存在着政府对金融体系的管制。金融监督是指金融主管当局对金融机构实施的全面、经常性的检查和督促,并以此促进金融机构依法稳健地经营和发展。金融管理是指金融主管当局依法对金融机构及其经营活动实施领导、组织、协调和控制等一系列活动。金融监管有狭义和广义之分。狭义的金融监管是指中央银行或其他金融监管当局依据国家法律规定对整个金融业(包括金融机构和金融业务)实施的监督管理。广义的金融监管在上述涵义之外,还包括了金融机构的内部控制和稽核、同业自律性组织的监管、社会中介组织的监管等内容。

4.4.1 投资者适当性监管主体

一个国家的金融监管体系,决定了该国投资者适当性监管主体。尽管各国对金融机构是否履行义务都有监管机制,但在投资者适当性上,监管方式存在差异。比如美国,既有政府层面的美国证券交易委员会监管,也有自律组织的监管,主要是 FINRA、NYSE 等自律组织。它们在各自的权限范围内履行相应的监督检查职能。

我国目前的金融监管模式是主体监管,很少涉及功能监管。《关于规范金融机构资产管理业务的指导意见》中关于监管分工有如下规定:人民银行负责对资产管理业务实施宏观审慎管理,会同金融监督管理部门制定资产管理业务的标准规制;金融监督管理部门实施资产管理业务的市场准入和日常监管,加强投资者保护,依照本意见会同人民银行制定出台各自监管领域的实施细则。从该指导意见看,我国投资者适当性分别由不同的监管部门进行,以主体监管为主。另外,我国相关的行业协会也履行部分监管职能。

就目前看,我国证券投资领域的投资者适当性规定较为完善,形成了该领域完整的投资者适当性监管体制。首先,《证券期货投资者适当性管理办法》明确了相关金融机构投资者适当性义务。其次,规定了证监会及其派出机构依照法律、行政法规、《证券期货投资者适当性管理办法》及其他相关规定,对经营机构履行适当性义务进行监督管理。同时规定证券期货交易场所、登记结算机构及中国证券业协会、中国期货业协会、中国证券投资基金业协会等自律组织对经营机构履行适当性义务进行自律管理。最后,规定了金融机构不履行投资者适当义务,监管机构有权进行处罚;并且,明确给投资者带来损害的,金融机构要承担法律责任(不仅仅是行政处罚)。

《商业银行理财产品销售管理办法》虽然没有提出投资者适当性概念,但在实质上规定了部分投资者适当性义务。缺陷是仅从行业发展的角度去要求,而并不以保护投资者为出发点。该办法第一条就非常明确,"为规范商业银行理财产品销售活动,促进商业银行理财业务健康发展"。如果商业银行违反适当性管理要求,监管机构可以对其进行行政处罚,但在投资者权利救济上,则无明显规定。

4.4.2　投资者适当性监管原则

追求监管的有效性是各国金融市场监管当局的共同目标,投资者适当性监管也不例外。通常来说,金融监管的有效性是市场竞争力的核心和关键。概括而言,关于金融市场的"竞争力",主要有两派观点:一种观点是"金融市场份额论"。该观点认为,应当统计一国金融机构所占据的全球市场份额,并将之与其他国家的进行比较分析。它基于以下逻辑:一国金融服务市场占据全球市场份额越大,该国的国家权力和声望就越高,并会在金融服务领域提供更多的工作机会,有利于扩大就业。另一种观点是"市场主体竞争有效论"。该观点并不注重一国在全球金融市场中所占的份额,而更关注本国金融市场与富于竞争力的理想模式的差距。据此观点,金融市场是大量的供方与需求方就金融产品的质量与价格进行角逐的场所,一国金融市场的制度安排应促进金融产品提供者之间的竞争。如果一国金融市场竞争力低下,投资者或者金融服务的客户可能面临着"质劣价高"的金融市场,最终将因此而受到伤害,金融市场的竞争力也将因此而减弱。

笔者认为,投资者适当性监管,应当坚持如下基本原则。

1. 监管的出发点是保护投资者

投资者适当性监管的基础价值不应让位于"做大"市场之目标,而应以保护投资者为核心。促成这一目标的法律法规,应当是理性且知情的投资者会选择适用以免受欺诈、销售误导的规则。

2. 平衡投资者与金融机构利益

监管的出发点是保护投资者。但如何达成投资者保护与金融机构利益动态平衡? 这需要考验监管机构的智慧和手段。过分强调任何一方的利益,都会影响整个市场的良性发展。如果过分强调对投资者的保护,比如目前我国存在的"刚性兑付"情况,就会扭曲金融风险定价机制,不能保障金融资源配置效率,造成实业融资成本高,使风险都集聚在金融体系,容易造成系统性风险等。如果过分强调对金融机构的保护,投资者又可能面临着"质劣价高"的金融市场,最终市场将因此而受到伤害,投资市场的资金来源也就成了无本之木,金融市场的竞争力终将因此而减弱。

3. 消除金融失败所引发的负外部性

金融失败引发的负外部性的例子比比皆是。在美国,次贷危机导致了世界金融危机,包括雷曼兄弟在内的诸多投行倒闭,都未能完成对相关债权人的清偿责任。在中国,互联网金融兴起时大家蜂拥而上,某些"宝类"产品最后导致投资人血本无归。"校园贷""现金贷"等打着普惠金融的旗号,某些手段却冲击着最基本的道德底线,一地鸡毛。这些对整个互联网金融的发展都会带来不可估量的逆影响。消除金融失败所引发的负外部性,须有促成这一目标的法律法规,包括审慎的监管以确保金融机构具有足够的清偿能力以履行其对投资者的义务。

4. 避免"监管套利"

对同一功能行为,因涉及的主体不同,而由不同的监管机构监管,就会形成"监管套利"。大到宪法,小到一个部门规章,并非基于抽象的"公共利益"产生,而是不同利益集团角力和妥协的结果。一方面,不同金融监管机构不可避免地受到部门内利益集团(亦即监管对象)的压力和影响,另一方面,监管机构自身在争取监管权限和监管资源时也有特定的利益诉求。与公众有关的利益并非完全等同于公众利益。但监管层却经常以"维护公众利益"为名,行保护特殊利益集团之实。因而,在现实中,金融监管机构总是倾向于尽力维持自己的监管范围,同时积极侵入和消减其他监管机构的势力范围。这种监管竞争被形象地称为"地盘之争"。监管机构"地盘之争"的一个直接恶果,是产生了所谓监管弱化现象,即监管机构为了取悦本部门利益集团、吸引潜在监管对象或扩展监管势力范围,竞相降低监管标准,以致降低了整体监管水平,损害了投资者和社会公共利益。提供相同产品的不同金融机构因受到不同监管者的监管,造成规则、标准和执法实践上的不一致,从而导致金融机构尝试改变其类属,以便将自己置于监管标准最宽松或者监管手段最平和的监管机构管辖之下。

监管套利,在我国资产管理行业尤为明显。各金融机构为了规避监管,寻求不同监管主体之间通道方式的合作。设计的资产管理业务方案,在各自的被监管范围内均合法合规。监管主体也只针对本部门要求的合法合规进行监督检查。结果是资产管理业务多层嵌套、杠杆不清、套利严重、投机频繁;资金脱实向虚在金融体系内部自我循环,产品过于复杂,加剧了风险的跨行业、跨市场、跨区域传递。好在国家下定决心对资产管理业务进行整改发展,进行规范,《关于规范金融机构资产管理业务的指导意见》对这些突出的问题都提出了解决措施。

4.4.3 投资者适当性监管内容

监管部门就投资者适当性进行监管,应当从以下几个方面入手。

1. 定期检讨投资者适当性的制度是否合适

任何制度都需要跟上社会实践,否则将失去其本应有的生命力和功能。投资者适当性也不例外。从各国的投资者适当性发展历史看,都是随着经济金融的发展而逐步完善,只是完善的方式方法不一样,有的是通过修法实现,有的是通过判例确认。我国投资者适当性还处于初级阶段,进一步完善和发展的空间还很多。比如就立法层级而言,缺少统一标准的投资者适当性法律法规,各监管部门从本条线业务特点提出要求,没有或较少考虑到金融交叉业务的发展,仍然是"铁路警察,各管一段"思维。在行政处罚和投资者权利救济方面,也不尽相同。所以,监管机构要跨出主体监管,实现主体和功能监管相结合的监管方式,确保投资者适当性能落到实处。

2. 对金融机构是否履行投资者适当性重点监管

投资者适当性的核心是对金融机构提出明确义务。所以,只有金融机构履行了投资者适当性,其功能才能实现。因此,对金融机构履行投资者适当性义务的监管,是监管部门进行监督管理的重点和根本。监管机构可以定期或不定期对金融机构履行适当性义务进行检查。除了一般性的例行检查外,可以随时依相关情况及监管的需要或投资者的举报,派有关人员进行专项检查。并根据有关程序,对检查情况向社会通报,以便投资者投资决策参考、行使救济权。对金融机构的监管,主要应从五个方面进行:一是金融机构有没有按制度要求对客户进行详细了解;二是金融机构有没有了解自己的产品,对产品的风险等级、复杂度是否揭示充分;三是在投资者与投资品适配时,检查金融机构是否就投资者的认知能力适当性、风险适当性,收益适当性与产品适配;四是对金融机构信息披露是否遵守规定进行检查监督;五是检查金融机构是否对投资者进行了必要的投资者教育。

3. 对投资者进行教育

投资有风险,加之金融产品越来越复杂,因而必须教导提升投资者的风险意识和对复杂产品的认知能力。由于监管机构与投资者之间没有直接的利益冲突,相对于金融机构而言,监管机构中立性的特点使得投资者更信任监管当局。从投资者教育效果而言,监管机构和自律性组织行业协会实施教育更能使投资者接受。从加强风险意识、提升认知能力看,监管机构对投资者进行教育,也是履行监管职责。

4.4.4 投资者适当性监管意义

强化投资者适当性监管是为了更加规范、健康发展,而不是不要发展。公平、秩序、效率是监管行动的根本价值追求,并最终达到保护投资者、改善金融生态、防止系统性风险之监管目的。公平意味着投资者之间的法律地位是平等的,金融机构不得滥用自己的专业优势欺诈或误导投资者。秩序意味着以法律法规的形式明确金融机构与投资者都需要履行的义务,以保证投资业务及整个行业安全、健康、有序发展。效率就要求金融机构不得欺诈,以获得社会效益;保障投资者权利救济,降低负效率;同时,效率也要求监管当局平衡投资者与金融机构的利益,在保护投资者的同时促进市场快速发展。

具体而言，投资者适当性监管，能在三个方面起到很好的效果。首先，确保金融机构履行投资者适当性义务，保障制度运行。监管机构依据法律法规，对金融机构是否履行投资者适当性义务进行简单检查，无形中对金融机构造成压力，尤其是监管机构可以根据相关法律法规对金融机构进行行政处罚，出于对声誉及经济利益的考量，金融机构有动力去履行投资者适当性义务。如果没有外部尤其是具有行政执法权的机构的监督检查，对处于弱势地位的投资者，金融机构没有主动履行义务的基础。

其次，确保投资者合法利益不受损害。投资者适当性在根本上属于投资者保护制度范畴。督促金融机构完全、合适地履行投资者适当性义务，投资者就不会被欺骗和销售误导，就能买到与自己认知水平、认知能力、风险、收益相适配的产品，使投资者权益能得到保障。同时，投资有风险，如果投资者购买了和其自身相适应的产品，即使最终发生亏损，从反面看，也是对投资者的一种教育，能促使其提高自己的认知水平和能力，培育风险意识，在效果上起到了保护投资者的目的。

最后，有助于防止系统性风险。金融系统性风险成因复杂多样，金融行业的某一个领域出了问题，就有可能引发系统性风险。比如 2008 年的美国次贷危机就酿成了全球金融风暴。就金融投资领域而言，历次金融危机表明，投资者和金融产品错配所带来的风险和危害是巨大的，2015年中国股灾就是典型的例子。投资者适当性的核心，就是将合适的产品卖给合适的人，实现资金与资产的精准匹配。因此投资者适当性监管可以大幅降低不匹配的风险和危害，起到稳定市场的作用，防止系统性风险滋生。

4.5 投资者适当性与权利救济

金融机构如果没有履行或不当履行投资者适当性,导致投资者利益受到损害,就需要对投资者进行有效的权利救济。只有这样,保护投资者的目的才能落到实处。但在实践中,对违反投资者适当性的权利救济,有不同的看法和做法,需要进一步探讨和理顺。

4.5.1 权利救济定义与种类

1. 定义

权利救济是指在权利人的实体权利遭受侵害的时候,由有关机关或个人在法律所允许的范围内采取一定的补救措施消除侵害,使得权利人获得一定的补偿或者赔偿,以保护权利人的合法权益。

2. 权利救济的种类

权利救济的主要方法是法律救济。法律救济方法主要包括司法救济、仲裁救济和行政司法救济。

(1) 司法救济。

司法救济又称为司法机关的救济或者诉讼救济,指的是法院在权利人权利受到侵害而依法提起诉讼后依其职权按照一定的程序对权利人的权利进行补救。司法救济具有以下几个方面的特征:第一,救济范围具有广泛性;第二,救济方式具有被动性;第三,程序具有法定性;第四,结果具有强制性;第五,效力具有终局性。正是因为司法救济具有以上特点,所以司法救济作为现代社会最重要、最正式的权利救济方式,发挥着社会减压阀与平衡器的作用。司法机关依靠一系列公正且严谨的程序以及法官的人格魅力和职业专长，在很大程度上保障了其中立性、客观性和公正性，这是包括行政机关在内的其他机关所难以比拟的。也正是这样的原因，司法救济被称为权利保障的最后一道屏障，构成现代权利救济体系的一个重要支柱。司法救济是法律救济的核心。

（2）仲裁救济。

仲裁救济是指根据当事人之间的合意即仲裁契约，把基于一定的法律关系而发生或将来可能发生的纠纷的处理，委托给法院以外的第三方进行裁决。这种救济方法历史悠久，民商事仲裁渊源于原始社会氏族部落首长对内部纠纷的居中公断，其作为一项制度最早为政治国家所接受是在古希腊、古罗马时代。依据《牛津法律大辞典》记载，早在古希腊，仲裁就很盛行，很多城邦国家都设有公共仲裁人。在雅典，人们经常任命私人仲裁员根据公平原则解决争议，以减轻法院的压力。历史发展到今天，这种救济方法被保存下来。在西方工业化社会，法庭外的救济方式远比人们所认识的诉讼救济来得经常。一般来说，大型企业对于它们之间或它们与公共权力机关的争议，只有当不能自行解决时，才将其提交法院系统。所涉及的经济利益越大，经过仲裁解决的可能性也就越大。与诉讼相比，仲裁的功能特点在于程序简便、结案较快、费用低廉、不具备行政特色、能独立公正和迅速地解决争议，给予当事人充分的自治权；同时具有客观性、灵活性、保密性、终局性和裁决易于得到执行等特点。而且，随着人们权利意识的提高，人们对救济也提出了更高的要求，人们渴望救济的获得更加高效率、低费用及意思自治。总之，仲裁是在审判之外发展起来的又一条权利救济途径，一方面它可以弥补诉讼的弊端，与之形成互补，另一方面又与诉讼展开竞争，互相牵制。

（3）行政司法救济。

行政司法救济是指行政机关作为救济主体为权利人提供的法律救济方式。从现代法制的发展来看,行政司法救济产生和存在的基础是近现代社会行政管理对象的复杂化需要贯彻司法程序的公正性所致。行政管理对象的复杂性不仅仅指纠纷在数量上的增多,同时也指纠纷在性质上的专业性和技术性越来越强。如果把这类纠纷直接诉诸法院,会产生两大问题,一是增添"讼累",二是不利于简便、及时、有效地解决纠纷。为了解决上述问题,就需要由具有一定法律知识、具有相关知识和技能以及行政管理经验的人员组成专门机构,不同程度地既参照司法的程序化要求又能体现行政效率的原则,从而保证提供公正、合法、有效率的救济。同时,这种救济方法与司法救济适当衔接,保证了办案的质量和法律效力。行政司法这种特定的权利救济机制在许多国家和地区的经济和社会生活中起着越来越重要的作用,已成为现代市场经济国家加强宏观调控和政府对经济间接干预的重要手段。其中,以英国和美国的行政裁判制度最为典型,一般所通行的是行政复议制度和行政裁决制度,所裁处的对象既包括行政纠纷又包括民事纠纷,且更注意采用司法程序和尊重当事人的权利。相类似的,我国的行政司法救济也主要包括行政复议和行政裁决两种形式。

4.5.2 国外投资者适当性权利救济

1. 英美法系国家关于适当性的救济

在美国,由于适当性规则只是自律规则,因此法官一般不认为适当性可以单独构成诉权。在1983年以前,适当性规则曾上升为美国证券交易委员会的行政监管规则,美国证券交易委员会要求特定的证券经纪交易商承担只能向客户推荐适当交易的法律责任。然而1983年12月,美国证券交易委员会的适当性规则又被删除。

　　大多数司法意见认为，证券公司违反自律规则的行为只有在严重到了构成欺诈的程度才能作为民事诉由，并且即使构成欺诈，违反自律规则的事实也只是认定欺诈的证据或者要件之一。此外，证券公司违反适当性规则的行为即使构成欺诈，也显然不属于 1934 年《证券交易法》中少数规定有明示诉权的反欺诈条款的管辖范围，因此只能通过默示诉权的途径进行司法救济。在这种情况下，作为默示诉权主要依据的联邦反欺诈兜底条款 10b-5 规则因其适用范围的广泛性成为适当性之诉的不二之选。因此，适当性之诉实际上是包含在一般的证券欺诈之诉中，原告必须主张被告存在实质性虚假陈述或者实质性遗漏。总体上投资者运用适当性规则获得法院支持的可能性较低。

　　虽然投资者在法院以适当性规则作为诉因寻求救济的难度很大，但实际上美国投资者有更便捷的方法，那就是求助于 NASD（后来为FINRA 或 NYSE）的争端仲裁解决机制。1987 年的时候，美国联邦最高法院在 Shearson/American Express v. McMahon 案中判决通过仲裁方式解决争议的条款具有强制执行力。现在经纪商基本都会与客户签订包含仲裁条款的合同，他们之间的大多数纠纷都会通过仲裁解决。这其中投资者得到支持的案件比例甚至高达 50％，尤其是一些在法院可能得不到支持的适当性之诉却能在 NASD 得到赔偿。在 Cass v. Shearson Lehman Hutton 案中，NASD 的仲裁员直接从纽约证券交易所道德性的自律规则 405 条推导出了被告的民事法律责任，认为被告未能对原告的财务状况及投资适当性进行尽职调查并阻止其高风险的交易策略，因而违反了交易所的适当性规则，应对被告承担部分赔偿责任。

　　总体而言，美国违反投资者适当性时投资者权利救济，以仲裁救济为主。

在英国,则以行政司法救济为主。英国 2000 年的《金融服务与市场法》(FSMA)将确保为消费者提供适当水平的保护作为金融服务局的四大监管目标之一。根据该法规定,在行为人已违反或明知已经牵涉到违反相关规定的情况下,如果该行为人因违反规定而获得利润,同时有投资者因上述违规行为而蒙受损失或受到其他不利影响,则英国金融服务局有权作出向投资者复还财产的命令。其中,"相关规定"是指《金融服务与市场法》或根据该法所施行的规定,以及其他法律中对金融服务局有权监管犯罪行为作出的规定。在计算复还财产数额时,金融服务局会考虑行为人累计获得的利润以及其行为所造成的损失或其他不良影响的程度,从而确定金融服务局认为适当的数额。

2. 大陆法系国家关于适当性的救济

很多大陆法系国家是通过诉讼外的机制来实现事后救济的,比如 1997 年法国建立的申诉专员机制,在纠纷发生时会由申诉专员帮助双方根据免费、机密而高效的程序达成法院外的调解。欧盟的《金融工具市场指引》(MiFID)为成员国实施投资者适当性制度作出了较为详细的指导,并要求欧盟成员国"鼓励"建立高效的法庭外争端解决机制,同时允许成员国在适当时运用现有机构建立这样的机制。

近年来,欧洲金融领域的诉讼越来越多,金融泡沫的推波助澜使不少国家纷纷通过"群体诉讼"或者"代表人诉讼"等方式赋予投资者更多的诉权。因为绝大多数国家意识到,金融创新是一把"双刃剑",它具有活跃交易、对冲风险的功能,但也会因杠杆效应累积风险,甚至引起金融风波。而诉讼则是一种符合保护投资者基础价值的行之有效的权利救济方式。

日本作为典型的大陆法系国家,通常运用传统民法理论对关于适当性规则的案件进行解释,认为违反适当性构成侵权行为或违约行为。将适当性规则与民法上的诚信原则和信赖保护原则相结合作为判决依据;

或者以违反适当性构成债务不履行判决金融机构承担赔偿责任。进入21世纪,日本将适当性规则的赔偿责任明确写入成文法中,个人投资者从此可以直接援引相关规定要求违反适当性规则的金融机构承担民事赔偿责任。

4.5.3 我国投资者适当性权利救济

1. 现状

由于刚性兑付长期存在,投资者对金融机构违反投资者适当性权利救济的正常方式好像并不在意。相关制度和监管机构,对于投资者适当性权利救济,处于逐步重视的过程中。

2005 年,中国银监会颁布《商业银行个人理财业务管理暂行办法》,要求商业银行在推介投资产品时应当"了解客户的风险偏好、风险认知能力和承受能力,评估客户的财务状况,提供合适的投资产品由客户自主选择,并应向客户解释相关投资工具的运作市场及方式,揭示相关风险"。虽然没有明确称为投资者适当性,但就内容看,却是实实在在的投资者适当性。但是,该办法的目的是规范银行金融机构,强调的是对银行的管理,并未提及对投资者的保护。办法第一条明确规定:"为规范商业银行理财产品销售活动,促进商业银行理财业务健康发展,根据《中华人民共和国银行业监督管理法》、《中华人民共和国商业银行法》及其他相关法律、行政法规,制定本办法";银行即使违反了投资者适当性,办法也仅规定监管部门对其进行行政处罚,没有提及对投资者承担责任。

相比《商业银行理财产品销售管理办法》,2017 年 7 月 1 人实施的《证券期货投资者适当性管理办法》,对投资者的保护前进了一大步,该办法第一条就明确"为了规范证券期货投资者适当性管理,维护投资者合法权益,根据《证券法》《证券投资基金法》《证券公司监督管理条例》《期货交易管理条例》及其他相关法律、行政法规,制定本办法",强调了对投资者的保护。所以,对金融机构违反投资者适当性,除了行政处罚外,办法也要求对投资者承担法律责任。办法第三十四条规定:"经营机构应当妥善处理适当性相关的纠纷,与投资者协商解决争议,采取必要措施支持和配合投资者提出的调解。经营机构履行适当性义务存在过错并造成投资者损失的,应当依法承担相应法律责任。经营机构与普通投资者发生纠纷的,经营机构应当提供相关资料,证明其已向投资者履行相应义务。"可以说,文字虽然不多,但内容丰富,是对投资者适当性权利救济予以明确的里程碑。监管当局鼓励金融机构与投资者在因投资者适当性产生纠纷时协商处理;金融机构承担法律责任的归责原则是过错责任原则;同时,对于普通投资者,实行举证责任倒置,不再是"谁主张,谁举证",而是金融机构证明自己履行了义务且没有过错。

虽然《证券期货投资者适当性管理办法》对投资者适当性权利救济的规定有了很大的进步,但应该看到,该办法毕竟是部门规章,效力层级不够高;而且,证券期货只是投资品种的一部分,在我国资产管理领域,还有规模很大的银行理财和信托理财等,对投资者适当性权利救济仍然处于空白状态。可以预计,在刚性兑付打破后,投资者适当性纠纷的案件会增多,在法律层面确定投资者适当性权利救济重要性凸显。

2. 投资者适当性权利救济制度设计

大家都知道,投资者适当性的主要功能是保护投资者,但如果违反投资者适当性而投资者的权利得不到救济,那投资者适当性就是空中楼阁。如前所述,在刚性兑付时,权利救济重要性没有显现,但打破刚性兑付,投资者的权利救济则会非常重要。因此,需要设计完善的权利救济制度。

(1) 明确投资者可以依据投资者适当性进行赔偿。

为投资者提供权利救济首先要使他们拥有直接基于适当性规则向法院提起诉讼的权利。从现行制度上看,我国的投资者并不具有这样的权利。解决这一问题的根本方法就是在法律层面明确规定投资者可以根据适当性规则向金融机构请求损害赔偿。虽然我国《证券法》第79条对证券公司及其从业人员的欺诈行为作出了由行为人承担赔偿责任的规定,但欺诈显然仅仅是违反适当性规则的一部分极端情形。目前,投资者适当性权利救济仅在规章制度层面,尚未上升到法律层面。随着各类金融产品相关规则的出台,投资者适当性规则将成为金融领域的一项基本原则,但从我国目前的金融法律制定进度和监管者的谨慎态度来看,将投资者适当性写入法律恐怕还有很长一段路要走。

（2）明确投资者适当性可以作为审判依据。

当前,我国投资者适当性义务规定包括四个法律规范层次:法律层面,主要是指《证券投资基金法》;行政法规,主要是指国务院发布的《证券公司监督管理条例》;部门规章,主要包括中国证监会和中国银监会发布的若干规定,如中国银监会发布的《商业银行个人理财业务管理暂行办法》《商业银行个人理财业务风险管理指引》,中国证监会发布的《证券期货投资者适当性管理办法》等;自律性规范,主要包括证券业协会、基金业协会、期货业协会等发布的自律性规范,如中国证券业协会发布的《证券经营机构投资者适当性管理实施指引(试行)》等。

为保障投资者的权利,笔者认为,凡是规定了投资者适当性义务的相关规范,都可以在投资者救济时作为法律援引。具体而言,在法律法规尚不完善的情况下,对投资者适当性义务的民事责任认定,可以从以下几个方面考虑法律援引问题:一是基于投资者适当性义务纠纷的合同性质或侵权性质,适用《合同法》《侵权责任法》等基本法律规范中对民事责任的相关规定。二是参照适用前述关于投资者适当性义务的诸多部门规章。

虽然中国证监会、中国银监会发布的部门规章法律层级较低,但鉴于金融法律领域的特殊性,应当对专业金融机构课以投资者适当性义务,在法律法规不完善的情况下,这些部门规章可以参照适用。中国证监会发布并于2017年7月1日生效的《证券期货投资者适当性管理办法》,对包括民事责任在内的相关问题作了比较全面的规定。该管理办法实施后,将成为重要的参照依据。三是参照适用证券领域的其他规定或司法解释等。违反投资者适当性义务纠纷也属于金融证券类案件,最高人民法院《关于审理证券市场因虚假陈述引发的民事赔偿案件的若干规定》中,关于民事责任认定的一些原则和立法意图等可以参照适用。

(3) 明确适用过错推定、因果关系推定、举证责任倒置三原则。

违反投资者适当性义务的行为属于侵权行为。在我国,侵权行为导致的侵权责任有三条主要原则,即过错责任原则、过错推定原则和无过错原则。从司法解释和部门规章看,我国对于违反投资者适当性义务的侵权行为,应当适用无过错和过错推定的归责原则。最高法院《关于审理证券市场因虚假陈述引发的民事赔偿案件的若干规定》中,对虚假陈述行为的发行人适用无过错原则,对其他公开责任人适用过错推定的归责原则。《证券期货投资者适当性管理办法》规定,经营机构与普通投资者发生纠纷,经营机构不能证明其履行相应义务的,应当依法承担相应法律责任。

由于投资主体的广泛性、相对不确定性以及交易适度投机性等特点,因此,当侵权行为发生时,哪些投资人的投资损失与侵权行为具有因果关系,不可能完全像实体经济领域那样,运用直接原因规则或者相当因果关系规则予以判定,更多的是采用美国法学界的市场欺诈理论和可反驳的信赖假定,运用推定因果关系规则认定因果关系成立。最高法院在《关于审理证券市场因虚假陈述引发的民事赔偿案件的若干规定》中,亦是采用该原则。在金融机构违反投资者适当性原则的侵权责任因果关系中,也应当适用因果关系推定。即投资者不需要证明因果关系,只要证明金融机构存在违反投资者适当性义务的违法行为即可。

在适用过错推定原则和因果关系推定原则时,实行举证责任倒置。按照平等主体之间诉讼"谁主张、谁举证"的一般原则,投资者应当证明自己购买了金融机构的某种产品且这种产品不适合自己,证明金融机构知道或者理应知道他不适合这种产品,证明自己因此种行为遭受了财产损失;而金融机构则应当证明其履行了调查客户情况和信息披露的义务。由于信息不对称,且相关证据都在金融机构保留,应当实行"举证责任倒置"的举证规则。金融领域投资者适当性权利救济举证规则,应当全部借鉴《证券期货投资者适当性管理办法》的规定,即金融机构与普通投资者发生投资者适当性纠纷的,金融机构应当提供相关资料,证明其已向投资者履行相应义务。

(4)引入自律组织仲裁制度。

投资者除了可以诉讼外,在美国获得广泛应用的仲裁也是实现投资者权利救济的重要方法。尤其是在投资者适当性尚未纳入法律层面之时,仲裁机构在解决纠纷时可以较方便地引用行业自律规则,避免法律适用上的技术问题。同时,诉讼成本高、时间长,也不利于迅速解决投资者与金融机构的纠纷。引入仲裁,尤其是自律组织仲裁,是可以考虑的方式。从我国目前的情况看,金融领域的仲裁通常由中国国际经济贸易仲裁委员会进行,但投资者实际申请仲裁的案件并不多。由于投资者适当性是非常专业领域,可以尝试由行业协会、交易所等自律组织对仲裁进行辅助推广。一是建议金融机构在与投资者签订合同时加入仲裁条款。二是可尝试打破现有框架直接由自律组织设置仲裁机构。可以考虑由行业协会、交易所等自律组织设置仲裁机构,充分发挥其专业优势。

(5)法院判例已经在投资者适当性权利救济领域进行了很好的

尝试。

美国著名大法官霍姆斯(1841—1935)曾说,"法律的生命不在于逻辑而在于经验"。在投资者适当性权利救济尚未纳入法律层之时,上海一中院在"胡象斌诉中国银行股份有限公司上海市田林路支行侵权责任纠纷案"[(2015)沪一中民六(商)终字第198号案]中创造性地进行了判决,既遵循了投资者适当性的核心精神,又平衡了投资者与金融机构的利益。更为重要的是,为了保护投资者的利益,在判决中引用了部门规章,并从法理角度分析金融投资和一般商事行为的"买者自负、风险自担"原则的区别和差异,有力回应了片面强调"买者自负"而选择性忽略金融机构应尽义务的错误观点。该判决对投资者如何通过司法救济保障自己的利益,金融机构如何落实投资者适当性有很深远的实际意义。以下简单介绍一下该案例。

2011年3月,胡象斌在中国银行上海市田林支行认购了价值人民币100万元的景瑞3号2期基金,并签署了《中行—大成景瑞3号灵活配置2期特定多个客户资产管理计划资产管理合同》。该资管计划的管理人为大成基金管理有限公司,托管人为中国银行,合同约定资管计划的投资范围为主要投资于国内证券交易所挂牌交易的A股、股指期货、基金、债券、权证、债券回购及法律法规或监管机构允许投资的其他金融工具;该合同还对合同当事人权利义务、风险揭示、违约责任等内容进行了约定。合同文本后附《股指期货交易风险提示函》一份。合同签订后,胡象斌在《中国银行开放式基金交易凭条(个人)》上签字确认,签名下方记载:"本人充分知晓投资开放式基金的风险,自愿办理中国银行代理的基金业务,自担投资风险",同时胡象斌还在该交易凭条背面的《风险提示函》下方签字。

在购买前,中国银行田林支行作为评估机构向胡象斌出具过中国银行股份有限公司个人客户风险评估打印凭证,之上提示:胡象斌风险承受能力评级及适合购买的产品为稳健型投资者。同日,胡象斌向中国银行田林支行提交"中国银行股份有限公司个人理财产品业务交易信息确认表",认购该资管产品。该确认表客户投资意愿确认栏记载:"中国银行股份有限公司:根据贵行为本人进行的《中国银行股份有限公司个人客户风险评估问卷》的结果显示,本人不适宜购买本产品。但本人认为,本人已经充分了解并清楚知晓本产品的风险,愿意承担相关风险,并有足够的风险承受能力和投资分辨能力购买该产品。现特别声明此次投资的决定和实施是本人自愿选择,其投资结果引致风险由本人自行承担。"胡象斌对此签字确认。

之后,因该产品发生亏损,胡象斌先向中国银行业监督管理委员会上海监管局进行投诉,认为中国银行田林支行违规代销理财产品,中国银行业监督管理委员会上海监管局对关于中国银行违规代销基金事项进行信访回复:"经我局了解,2011 年 3 月中国银行田林路支行为您办理代销基金业务过程中告知您相关风险,并且您本人签署了基金风险提示函,无证据显示存在您所称'银行向您销售风险评级不相符的产品'的情况。综上所述,如您对投诉事项仍有疑问,建议通过司法途径解决此事。"胡象斌遂提起本案诉讼,要求判令中国银行田林支行赔偿其亏损及期间的利息,并将大成基金管理有限公司列为第三人。

一审法院判决胡象斌败诉,理由是:(1)胡象斌系一名完全民事行为能力人,对自己的民事行为具有完全的认知和判断能力。诉争资产管理合同中明确记载了诉争理财产品的投资范围和风险揭示等内容,作为合同主体之一签署合同即应视为其已对合同文本的内容进行阅读并知晓,并受合同法律约束。曾有多次购买理财产品的经历,也购买过与本案相似的资产管理计划理财产品,因此,其应当能够预判诉争理财产品的风险程度。（笔者总结，就是作为完全民事行为能力人，需"买者自负"）。（2）中国银行田林支行尽到了合理的风险告知义务，且在代销过程中对胡象斌的投资行为并无误导。

胡象斌不服一审法院判决，向上海一中院提起上诉，认为交易凭条及风险提示函的内容系针对开放性基金的一般性风险提示，并非针对案件中争议的理财产品，本人在风险提示函上签字并不能免除中国田林支行的风险告知义务；银行已对本人进行了风险评估，评估结果为风险承受能力较低，而仍向本人销售高风险理财产品，违反相关规定。因此请求二审法院撤销原判，要求中国银行田林支行赔偿损失及相关利息。

二审法院判决：对于金融法律服务关系中金融机构的义务，参照监管规定，引入银监会《商业银行个人理财业务风险管理指引》《商业银行个人理财业务管理暂行办法》。《个人理财业务风险管理指引》第二十三条规定：对于市场风险较大的投资产品，特别是与衍生交易相关的投资产品，商业银行不应主动向无相关交易经验或经评估不适宜购买该产品的客户推介或销售该产品。《商业银行个人理财业务管理暂行办法》第三十七条规定：商业银行利用理财顾问服务向客户推介投资产品时，应了解客户的风险偏好、风险认知能力和承受能力，评估客户的财务状况，提供合适的投资产品由客户自主选择，并应向客户解释相关投资工具的运作市场及方式，揭示相关风险。依照上述部门规章之规定，商业银行在金融服务法律关系中负有依照客户的风险承受能力及财务状况等推介合适产品的义务。具体而言，商业银行首先应在推介投资产品之前对客户评估，之后依照评估结果确定客户的类别，并在正确评估客户，了解相关情况的基础上，向客户推荐合适的理财产品，且不得主动向投资者推荐不适宜的理财产品。本案中，被上诉人在向上诉人推介系争理财产品前未对上诉人进行评估，已有过错；而依据此前被上诉人的评估结果，上诉人属稳健型投资者,风险承受能力较弱,一般仅希望在保证本金安全的基础上能有增值收入,本案系争理财产品为非保本型理财产品,存在净值下跌的可能性,显然并不适宜上诉人,但被上诉人仍主动向上诉人推介此种产品,故可认定被上诉人未履行上述正确评估及适当推介的义务,具有相应过错。本案中,上诉人虽已在相关风险提示函上签字确认知晓相关风险,但上诉人并非主动要求了解或购买系争理财产品,且依被上诉人主张,上诉人的签字行为发生在被上诉人推介系争理财产品且履行风险提示义务之后,故上诉人虽在缔约过程中签字确认知晓相关风险,但据此并不能免除被上诉人在缔约前的适当推介义务。

特别有意思的是,二审法院在判决中还提到,银监会部门规章并非法律法规,其法律层级较低,而在一般商事行为中,亦确应遵循买者自负、风险自担的原则;但法院认为,金融服务法律关系中,投资者与金融机构存在专业性及信息量等客观上的不对等,投资者作为缺乏专业知识的主体,并不当然知晓何种理财产品最合乎自己的需求,而出于对利益最大化的追求,投资者往往可能选择并不合适的理财产品;为弥补此种不平等,应当对专业金融机构课以相应的义务,要求金融机构承担为投资者初步挑选理财产品的责任,以避免投资者因其专业性上的欠缺导致不必要的损失;同时,对金融机构课以此种义务,亦可防止其为追求自身利益,将不适格的投资者不当地引入资本市场,罔顾投资者权益而从中牟利。部门规章的规定实际系民法中平等原则及合同法中诚实信用原则的具体体现,在相应法律法规尚无明确规定的情况下,应据此认定被上诉人的权利义务范围,现被上诉人未能履行前述义务,应认定其在金融服务法律关系框架下具有过错。

因此,法院最后认为,银行未经查证客户风险承受能力,主动推介产品,本身就存在违规和过错,而无论客户是否最终接受风险;同时胡象斌自身也存在一定的过错,应承担相应的责任。最终法院判决,田林支行赔偿本金损失,胡象斌的利息损失请求不予支持。

法院依据过错责任原则,对投资者利息损失不予支持。法院认为,银行具有侵权过错,则应依照《中华人民共和国侵权责任法》第十五条之规定承担赔偿损失;但该法第二十六条同时规定:被侵权人对损害的发生也有过错的,可以减轻侵权人的责任。本案中,投资人胡象斌对自身的财务状况、投资能力及风险承受能力亦应有相应的认识,但其未依照自身状况进行合理投资,而是选择购买系争理财产品,对相应损失的发生亦具有相应过错,依照上述法律规定,银行的侵权赔偿责任可相应减低。

第 5 章
投资者适当性中的平衡关系

投资者适当性的核心功能是保护投资者。毫无疑问,保护投资者的初心时刻不能忘。但发展与稳定永远相辅相成,只有平衡投资者和相关利益方的权利义务,投资者的保护才能真正落到实处。否则,投资者保护就是无本之木、无水之源。

5.1 平衡卖者尽责与买者自负关系

投资者适当性的起源是基于投资者保护,在一定程度上增加了金融机构义务。所以,金融机构往往强调"买者自负",尤其是在我国,在某种程度上,起初监管机构也片面强调"买者自负"而忽视"卖者尽责"。

5.1.1 "买者自负"原则概述

"买者自负(caveat emptor)"是英美普通法的私法原则,是指从事购买行为的主体自行承担购买物品的风险及其损失,买者在购买商品时对其缺陷应给予充分的注意,自己判断商品的质量及用途。在买者自负原则下,买受人不能因为财产的瑕疵从卖主一方获得赔偿。买者自负原则最早出现在 16 世纪,在一篇关于马匹交易规则的文章中提到,"如果马是被驯服的,并且已经被骑上去,那么买者自负其责"。正式被确定为法律原则的,是在英国的"牛胃石"案中。长期以来,建立在简单商品交易关系基础上的买者自负原则被英国普通法奉为货物买卖的基本交易原则,19 世纪初该原则又被移植到了美国法中。

1. "买者自负"原则的基础

(1) 资本主义萌芽时期,需要买者自负。

资本主义萌芽时期,是简单的商品经济,商品交易追求的是自由,自由的人文主义文化正努力摆脱中世纪文化的束缚。交易主体的平等,可以保证买者自负且不影响当事人的利益。

在商品市场经济不够发达的 17 至 19 世纪,商品买卖的主体是以家庭为单位的农民、手工业者和小作坊业主,主体之间的地位无论是经济实力还是在知识水平上,基本处于实际平等的地位。同时,交易主体之间的位置具有互换性,即在一次交易中的买方在下一次的交易中就可能是卖方,即便是出现了因信息不对称而发生的一方交易不公平情况,也会随着互换而抵消。

(2) 契约自由为买者自负提供了法理基础。

伴随资本主义萌芽,法学的发展也从中世纪封建法学思想向近代契约自由法学思想转变。近代民法有三大基本原则:所有权神圣不可侵犯、契约自由、过失责任。强调契约自由,则"买者自负"原则被广泛接受并被用于排除交易过程中的不诚信或毁约的现象,维护市场交易的正常秩序。及至 19 世纪,法官普遍认为"当主体采取行动的时候,他已经意识到自己行为的风险,预期的后果则由其个人承担"。

2. 经济、法律的发展使"买者自负"原则发生了改变

新的经济情况和法理的出现,对买者自负原则产生了冲击。

（1）工业革命的发展使买者自负的基本前提逐渐丧失。

首先，简单商品经济下买卖双方在公开市场上就货物进行面对面交易，双方可以直接验货。但是工业革命后出现了新型的通信手段，使得远距离交易成为可能，交易内容也不限于现货交易而扩展到尚未生产出的商品，没有事先验货的机会（英国法院判例中确认了没有机会验货就不适用买者自负原则）。

其次，简单商品经济下货物本身简单，买方有能力以自己的技巧和经验检验货物并做出独立判断。然而工业革命催生的机械化大生产模式使得大宗货物交易日益普遍化，新技术导致商品的专业化、复杂化程度越来越高，大大增加了买方检验商品的难度，作出正确交易判断的风险也迅速增加。

最后，由于流通革命，商品从生产者到消费者需经过多层的流通环节，消费者与生产者一般不再发生直接的契约关系；加之各种宣传、推销、广告等手段的采用，使消费者实际上处于完全盲目的状态，听任摆布。这些变化使买者自负的基本前提——主体平等性和互换性丧失，出现了严重的两极分化和对立，买者成为实际上的弱者。

（2）现代民法的发展从法理上限制了买者自负。

生产力和科学技术的发展，极大推动了物质文明的发展，同时也带来了负面效果，为解决社会中的问题，民法也从近代民法演进为现代民法，拓展了原有民法基本原则的内涵，对契约自由进行了限制。

契约自由的实质是资本主义的自由竞争，是市场经济的基础和本质。近代民法对契约自由不加限制，契合经济政策上的放任主义。完全不干涉主义随着市场失效也带来了许多问题，一直被奉为神圣的契约自由已不再被现代民法接受。现代民法为了更好地保护处于劣势地位的消费者、买方、投资人，在保证形式公正的同时亦追求实质上的公平，从而直接规定某些契约无效。世界是奇妙的,经历了从身份到契约,再从契约到身份的改变。著名法学家梅因在《古代法》中指出,"所有进步社会的运动,到此处为止,是一个'从身份到契约'的运动"。随着社会的发展,如果梅因还在,他会加上一句,"又回归从契约到身份"。①前面的身份,是法律意义上不平等的身份,后面的身份,是法律意义上平等但实质不平等的身份,比如消费者之于出售者,投资者之于金融机构。

在首先确定"买者自负"原则的英国,法院也通过判例逐渐放弃了传统的"放任自由"政策,发展出了和"买者自负"相互补的"卖者尽责(caveat venditor)"新规则。在美国,法官通过判例,认定经营者应当承担社会正义观念下的责任,排除了"买者自负"原则的适用,买者自负原则的例外判决逐渐成为趋势。

(3)消费者运动的兴起是对"买者自负"原则的最后一击。

随着生产力的高度发展,技术日益精进,产销过程日趋复杂,信息不对称和非完全信息使消费者对信息资源的占有处于劣势。信息占有与信息需求之间的矛盾,使消费者的无知和误解进一步加深,生产经营者对消费者利益侵害的可能性也不断加剧。随着全球经济一体化的快速发展,相对于厂商的跨国经营活动,消费者的弱势地位更加突出,对消费者利益的侵害也日益国际化,常常使消费者难以靠自己的力量去寻找和追究侵害其权利的具体责任者。同时,若按照一般民事诉讼程序进行诉讼,高昂的成本常常使消费者望而却步。因此,消费者为了维护自身利益,自发地或者有组织地以争取社会公正、保护自己合法利益、改善生活地位等为目的,同损害消费者利益行为进行斗争,消费者运动始于19世纪20年代的美国,然后迅速波及西欧和北美。到20世纪,已成为消费者运动的世纪。

---

① 参见亨利·梅因:《古代法》,商务印书馆 1984 年版。

在消费者群体意志作用下,卖方的默示担保义务、限制其合同自由权利等规则不断被立法确认,买者自负原则的适用范围日益萎缩。

5.1.2 "买者自负"原则与中国金融市场

1. 基本规定

在中国,"买者自负"以官方身份首次出现在公众视野,源自银监会。2006 年 12 月中国银行业监督管理委员会印发了《商业银行金融创新指引》。该指引第四十五条规定:"银监会与商业银行、银行业协会有义务共同加强对社会公众金融知识的宣传和教育,增进公众对金融创新的了解和对买者自负原则的认识,增强公众对现代金融知识的理解,不断提高公众的风险防范意识和风险承受能力。"虽然只是一笔带过,没有对"买者自负"进行详尽解释,但笔者认为意义深远。一方面,这为金融机构在纠纷中追求胜诉提供了一条监管理由;另一方面,它对投资者的震慑也不容忽视,在出现投资纠纷欲作无任何理由的"胡闹"时,也会三思而行。

"买者自负"在证券投资市场体现得更为详尽。1998 年颁布的《中华人民共和国证券法》,在 2013 年修订时增加了体现"买者自负"原则核心内容的条款。《证券法》第 27 条规定:"股票依法发行后,发行人经营与收益的变化,由发行人自行负责;由此变化引致的投资风险,由投资者自行负责。"虽然没有明确为"买者自负",但其核心精神就是买者自负。2006 年证监会发布的《上市公司证券发行管理办法》中第五条规定:"中国证监会对上市公司证券发行的核准,不表明其对该证券的投资价值或者投资者的收益作出实质性判断或者保证。因上市公司经营与收益的变化引致的投资风险,由认购证券的投资者自行负责。"这就从股票发行环节提醒投资者注意公司经营收益变化可能带来的投资风险,即使监管部门同意公司发行证券,出现了经营风险,投资者也需要自行承担损失。该规定与其说强调了买者自负,不如说是监管部门对自己的保护,强调行政审批权不能与企业经营权混同,避免引起不必要的行政诉讼。2007 年 5 月,证监会发布《关于进一步加强投资者教育、强化市场监管有关工作的通知》,该通知强调:"要警示投资者理解并始终牢记'买者自负'的原则,理性管理个人财富,安全第一。要让投资者理解并始终牢记'股市有风险,入市须谨慎'的投资准则,防止不顾一切、盲目投资的非理性行为。"这是证券市场监管部门首次明确提出买者自负原则。上海证券交易所 2008 年制定的《个人投资者行为指引》对证券买卖交易环节的买者自负原则进行了特别强调。指引第四条要求,投资者应当充分理解并遵守证券市场"买者自负"原则。投资者参与证券交易,应当根据相关市场信息理性判断、自主决策,并自行承担交易后果。2010 年证监会发布的《关于建立金融期货投资者适当性制度的规定》第九条第二款规定,投资者应当遵守"买者自负"的原则,承担金融期货交易的履约责任,不得以不符合投资者适当性标准为由拒绝承担金融期货交易履约责任,该规定更是明确金融期货投资者必须遵守"买者自负"并履行相关义务。2017 年 7 月 1 日生效施行的《证券期货投资者适当性管理办法》,没有直接提出"买者自负",但在第四条中规定:"投资者应当在了解产品或者服务情况,听取经营机构适当性意见的基础上,根据自身能力审慎决策,独立承担投资风险。"2018年 4 月 27 日生效的《关于规范金融机构资产管理业务的指导意见》,明确了"卖者尽责,买者自负"。指导意见第六条第二款规定:"金融机构应当加强投资者教育,不断提高投资者的金融知识水平和风险意识,向投资者传递'卖者尽责、买者自负'的理念,打破刚性兑付。"

2."买者自负"司法判例

(1)案例一:胡新华诉国信证券有限责任公司上海北京东路证券营

业部(以下简称国信证券营业部)和上海万得信息科技有限公司(以下简称万得公司)权证产品买卖纠纷案。

2006年2月9日,原告在被告国信证券营业部处与被告签订证券买卖委托交易协议书,约定原告在被告国信证券营业部处使用被告的证券交易系统进行证券交易,该系统的"操盘提示"内容由被告万得公司提供。2006年12月15日原告分别买入白云机场认沽权证,共计70 000股,成交总金额为33 486.84元,当天该权证收盘价为0.332元,该权证当天"操盘提示"为"权证到期日:2006年12月22日"。同年12月18日原告在操作该权证交易时,发现该权证已停止交易,原告遂向被告国信证券营业部投诉,提出操盘软件提示该权证到期日为2006年12月22日,而未告知最后交易日为2006年12月15日,导致原告重大误解。2006年12月22日该权证到期后,白云机场(证券代码600004)股票收盘价为7.60元,超出该权证的行权价7元,该权证无行权价值,造成原告较大经济损失,故原告提起诉讼,认为两被告提供的信息误导了原告对该权证交易期限的判断,导致原告作出错误的投资行为,由此产生的损失应由两被告承担,故原告请求判令:判令两被告共同赔偿原告损失人民币33 486.84元;判令两被告共同赔偿原告精神损失费人民币5 000元。案件受理费由两被告承担。

被告国信证券营业部认为原告起诉被告依据不足,由于原告对系争权证的资讯不了解,导致其损失产生,应由原告自行承担责任。首先,根据《上海证券交易所权证管理暂行办法》规定:"权证存续期满前5个交易日,权证终止交易,但可以行权。"原告应该了解权证到期日前5个交易日为最后交易期。其次,该权证发行人于2006年12月13日、14日发布公告提示终止上市风险,在《上海证券报》上也刊登了相关提示性公告,提示该权证最后交易期为2006年12月15日,对此,原告也应该了解上述权证资讯。再次,原告证据中关于白云机场认沽权证的资讯,原告仅提供一页,而在后页上的权证信息中对于此有所提示。综上,被告未对原告进行诱导性买卖,造成的损失应由其自行承担。

被告万得公司认为,到期日和最后交易日,是权证投资者应了解的最基本的常识,《上海证券交易所权证管理暂行办法》对此已作了明确规定;被告在对该权证的信息提供上完全、及时、准确,没有任何延误、遗漏或产生歧义的情况。故被告对提供的信息不存在误导性的事实,原告投资损失与被告无因果关系,不应承担责任。此外,原告于 2006 年 12 月 15 日买入该权证,根据权证的性质,也并非无利可图,如白云机场股票下跌,投资者仍可赢利。

法院经审理认为,参与股票、权证交易的投资者尤其是中小散户首先要明白"股市有风险,入市须谨慎"的警示,充分理解"买者自负"的原则;被告的行为符合《上海证券交易所权证管理暂行办法》的有关规定;作为一个权证投资者应当对于权证的交易规则予以掌握和正确理解;被告的行为均无过错和违法;原告因买卖权证而产生的损失,根据买者自负的原则,应当自行承担损失。

(2) 案例二:南航权证创设案例。

2007 年 4 月 23 日,中国南方航空股份有限公司(以下简称南航公司)发布《股权分置改革说明书》,提示南航集团以支付认沽权证作为股权分置改革方案的执行对价安排。同年 5 月,国务院国资委和上海证券交易所(以下简称上交所)均同意南航公司的股权分置改革方案。同年 6 月 7 日,上交所核准南航派发的认沽权证 14 亿份上市交易。2007 年 6 月 18 日,上交所发布《关于证券公司创设南航权证有关事项的通知》,允许取得中国证券业协会创新活动试点的证券公司(以下简称"创设人")可按照通知的规定创设权证,并使用同一交易代码和行权代码。依照此通知,随后有 26 家券商向上交所递交创设南航认沽权证的申请获得审核通过,据后来的 Wind 数据显示,在短短一年时间之内,26 家券商争相创设南航认沽权证达到 123.48 亿份,是原始发行量的 8.8 倍。结果,近七成权证投资者在 2007 年度严重亏损,截至 2008 年 1 月 25 日,券商在南航权证的创设中,不包括权证交易中收取的手续费,一共获得约 201 亿元的账面盈利。

"沽民"很快发现自己购买的是"假南航权证",不是由南航公司发行,而是由数家证券公司创设的同一名称、同一代码的南航权证。投资者钟洪春第一个向法院提起诉讼。钟洪春认为,创设南航权证没有相关法律依据,自己购买的权证属于无发行人、无保荐人、无发行价的非法证券衍生产品,被告中创设权证的广发证券、国信证券创设和代理买卖行为是无效的,侵害了自己的权利。并且被告的创设行为是造成自己交易损失的直接原因,因而索赔。法院在审理中认为,在目前没有关于权证产品的发行和交易法律法规的情况下,上交所根据《证券法》和证监会授权制订的上述管理办法虽为业务规范,但已报送证监会备案,实属合法有效。管理办法第二十九条对权证创设作了授权性规定,上交所根据已被证监会批准的业务规则履行自律监管行为,允许合格机构创设同种权证,合法有效,也并不存在过错。同时,创设权证制度在我国是一项金融创新制度,现在处于探索阶段,目前尚无规范可循,创设人可根据具体情况自由决定实施方案。"沽民"明知提示公告仍依据自己喜好和判断进行买卖,交易风险应当自行承担。

钟洪春之后还有六七例南航权证创设诉讼仍处于审理阶段,而更多的南航权证创设案,至今未得到受理。因寻求诉讼无果,大量"沽民"到证监会示威,到国家信访局上访,进而引起社会广泛关注,并迅速升级为公众性事件。

（3）案例三：林女士诉渣打银行理财产品纠纷案。

2008 年 6 月中，投资者林将吟女士在渣打银行新天地支行购买了一款名为"金通道环球投资系列"的理财产品，投资金额达 141.8 万美元。该理财产品是一款结构性理财产品，可投资 16 只海外基金。投资者根据市场环境，有 3 次机会调整基金组合的权重，并可以选择自己想投资的基金。产品购买初时，林将吟选择了 6 只挂钩能源类的基金。随着金融海啸的爆发，到 2008 年 9 月林将吟发现这几款基金一直处于下跌状态。于是，2008 年 9 月 28 日，她向渣打银行提出调整投资权重，抛售所有的基金换成现金，降低风险。一个月后，当她收到银行的对账单时，发现投资亏损已近 300 万元。此时，她想把其余资金提取出来，结果被银行告知这款产品期限近 1 年，且产品不能提前赎回。林将吟到那时才知道这款"金通道环球投资系列"并非是自己理解中的境外基金产品，能够随时取现。该产品收益表现是由名为"动态回报投资 MALI08034E"——股票挂钩结构性存款，以及"代客境外理财计划 QDSN08031P"——投资于"美林一年期组合挂钩结构性凭证"这两款产品共同决定的。

不能赎回令她非常不满，回想当时购买的过程，她认为银行在销售过程中没有将充分的风险告知投资者，存在违规行为。比如，风险承受能力测试并没有执行，客户经理也没有详细和她说明整个产品的情况，协议书上签订的日期也有所偏差。不满之下，林将吟将渣打银行告上法庭。审判结果是银行胜诉，理由是投资者在产品认购合同书上签字，合同有效，因此，买者自负，责任由投资者承担。

由于当时对投资者保护并不十分重视，买者自负与卖者尽责没有得到通盘考虑，因此这些案例经过审判之后往往都是投资者败诉。显然，在金融产品销售纠纷的判决中，法院毫无例外地以形式上的当事人表达一致为标准，认可了金融机构和投资者之间标准条款约定的内容。但是，在一个标准条款的合同下,行为人责任自负的前提是其表达了自己的真实意思。然而,对于上述案例为代表的金融产品的销售这种法律行为而言,投资者存在真实的意思表示吗?笔者认为,在当时投资者适当性缺失的大环境下,法院完全从平等主体民法基本原则出发,忽视了买者自负的前提是卖者尽责。随着投资者适当性逐步引入我国,以及对投资者保护的加强,法院在审理同类纠纷时,开始重视卖者尽责。

3."买者自负"原则对中国金融市场的意义

(1)"买者自负"有助于投资者树立风险意识。

如前所述,随着经济、社会发展,买者自负的理论基础即"契约自由"受到一定程度的限制与挑战,社会已然由"从身份到契约"部分转变为"从契约到身份"。但在我国,契约精神不是过度而是普遍不足,《合同法》的出台从根本上为我国大众普及了契约自由的理念,但契约精神一直未能植根于大众心中,金融市场也不例外。

投资有风险,风险意识应当放在第一位,买者自负,可以强化风险意识。因为契约精神必然要求投资者树立理智的风险收益观,明白只有收益而没有风险的投资不切实际,承认风险与收益共存的基础,了解追求高收益就要接受高风险。亲身经历比说教更有效,风险损失后自行承担,会促使投资者真实理解投资有风险,强化风险意识。风险意识增强,会促使投资者加强自我教育和学习,提升自己的金融知识水平,能帮助其识别金融交易的风险并做出正确判断,这也会增强保护投资者的功效。

(2)"买者自负"有助于保障金融市场效率。

虽然相对于金融机构,投资者是弱者,但在根本上两者间是平等主体之间的权利义务关系。而且,当事人的契约是商务合同,决定了其商业性特征,即既要保护好投资者的利益,又要保证金融机构通过合法经营获取利润。金融服务不是公益事业,必要的合法利润是金融机构和金融市场健康运行的基础保障。不能因为弱者保护而不顾另一方当事人的利益。而且,只有平衡两者之间的利益,金融市场才能持续发展,投资者才可以继续有资可投。所以,在追求保护投资者为核心的同时,也不能对金融机构课以过于繁重的义务和负担,否则可能严重打击金融机构的积极性,最终给整个金融市场带来消极影响。

5.1.3　平衡"卖者尽责"与"买者自负"的意义

买者自负,容易衡量,即投资者对投资享有收益、承担损失,是一种结果。而卖者尽责,是一种行为,是指金融产品的卖方必须依法尽责地客观披露产品风险,在金融产品开发、设计、营销、服务等环节,区分收益/风险等级,明确投资者分类,通过适配销售,将合适的产品卖给合适的人,并不得销售误导或欺诈。相对于买者自负,卖者尽责难以衡量。

在我国,无论是监管部门还是学者专家,提及打破刚性兑付时,往往会强调"买者自负"。

央行发布的《中国金融稳定报告 2014》中提出,应在风险可控的前提下,有序打破"刚性兑付",顺应基础资产风险的释放,让一些违约事件在市场的自发作用下"自然发生",增强投资者对于理财产品的风险意识,树立"卖者尽责,买者自负"的理念。

"买者自负"确实是市场交易的一个基本原则,但是提倡"买者自负"必须有前提条件,即必须"卖者尽责"。只有金融中介机构事先遵守了"卖者有责"的诚信原则,我们才能要求投资者必须恪守"买者自负"的契约精神。在央行的报告中,虽然也提出了"卖者尽责",但却没有看到报告要求卖者尽到什么样的责任,在一些市场人士反复提出的打破"刚性兑付"的呼吁中,也没有看到对卖者有什么要求。看来,无论是监管部门还是市场人士,虽然看到了目前理财产品市场的乱象,却指望让投资者在得到血淋淋的教训以后再增强风险意识,以此来推进理财产品的规范,这显然值得商榷。所以,平衡"卖者尽责"和"买者自负",意义重大。

1. 有利于金融机构规范经营,提升竞争力

最近几年,我国理财产品出现了飞速发展,这些产品大多以高出银行储蓄利率的投资回报来招揽投资者,在市场上产生了很大的吸引力。理财产品为什么会有这样强劲的发展势头? 一方面,持续多年的从紧货币政策使一些急需资金的企业难以得到银行信贷的支持,不得不以理财产品来集资;另一方面,至今仍未改变的存款利率管制使银行利率未能实现市场化,对有较高回报的理财产品投资者当然会趋之若鹜。但是,理财产品的这种走热却蕴含着重重风险,由于信息披露的不规范,投资者对所购买的理财产品缺少透明的了解,无法把握风险;又由于很多理财产品是由商业银行在代理销售,投资者只是凭着对银行的信任进行购买。在理财产品的这种流动过程中,无论是发行人、代理销售人还是投资人,都有各自的问题,那么,当理财产品出现兑付危机时,一味地主张"买者自负",要求投资者自行承担投资损失的全部后果,显然是不公平的。如果缺少"卖者尽责"制度的约束,很多经营机构在设计金融产品时,往往不充分考虑不同投资者的差别性,且忽略产品内在价值的提升,而将注意力更多地放在如何选择产品、如何吸引客户上。实践中,过度宣传、误导中小投资者等案例屡见不鲜,投资者对此十分反感,影响了行业的信誉。卖者尽责,有利于规范经营机构的行为,引导市场健康、有序发展。特别在金融产品日益丰富、产品结构日趋复杂、交叉销售日益频繁的当今市场,经营机构与投资者在信息和风险识别能力方面的差别往往更加明显。平衡卖者尽责和买者自负,可以满足双方利益诉求,约束经营机构短期利益冲动,增强经营机构的长期竞争力。

2. 有利于投资者树立正确的投资理念,增强风险意识

"买者自负"意味着"买者在市场上通过自身的行为获得收益,同时也要承担相应的风险"。买者自负要求自我承担责任,是一种主动的自我保护,有利于督促投资者学习相关金融知识,提高自己的金融知识水平,主动去辨别金融交易的风险,使其能在投资利益和风险中自我衡量并作出准确的判断。而由于刚性兑付的存在,我国投资者并没有形成买者自负的意识,这不利于资产管理行业的长久发展。在充分落实卖者尽责的前提下,投资出现风险并引发损失时,需要实行买者自负。只有实现了买者自负,投资者才能真正感受到投资是有风险的,自己要承担损失。也只有这样,投资者才会树立正确的投资理念,增强风险意识。

3. 有利于监管机构履行监管职责

平衡"卖者尽责"和"买者自负",对监管机构而言,意味着不偏不倚,只要按照立法规定的卖者义务进行监督检查,就能发现卖方是否尽责。如果卖方没有履行相关义务,监管机构有权对卖方进行行政处罚,买方可以依据行政处罚向法院或者仲裁机构申请权利救济。同时,如果卖方充分尽责,由于市场等外部因素,投资者遭受损失的,那么监管机构在查证卖者充分尽责的前提下,可明确告知投资者,按照买者自负的原则,买者须自行承担损失。这样,监管机构就无须在投资者与金融机构间"和稀泥",而可将自己的精力用在履行自己的监管职责上,重点是检查监督金融机构充分尽责。

5.1.4 实现"卖者尽责"与"买者自负"平衡的途径

平衡"卖者尽责"与"买者自负",需立法、监管、司法救济三管齐下。

1. 立法

首先,应以法律(效力层级高的法律而不是部门规章)的形式固定"卖者尽责,买者自负"。其次,根据"买者自负是结果,卖者尽责是行为"的特点,详细规定卖者尽责的内容及可行的实现方式,否则该原则只会流于形式和口号。最后,监管机构及行业自律组织,应根据行业特点,制定卖者尽责的实施细则或指引。只有保证金融机构有章可循,卖者尽责才能落到实处。

2. 监管

一方面,监管机构须加强对金融机构的监督管理,定时或不定时核查金融机构是否按照规则履行了卖者尽责的相关义务,必要时可以现场检查。另一方面,监管机构及自律组织,应积极开展投资者教育活动,培育投资者风险意识,树立"卖者尽责,买者自负"的理念。当资管产品出现兑付风险时,应合理界定发行方、渠道方和投资者之间的责任和义务,各自承担相应的风险,以此推动资管业务回归"受人之托,代人理财"的本质。

3. 司法救济

投资人寻求司法救济时,司法审判机关应当把握"卖者尽责、买者自负"原则的实质,一味按契约自由精神断定金融机构和投资者之间的关系是不负责任的。从表面看,对于金融机构和投资者之间的纠纷以"买者自负"为理由做出裁判,民法学上的理论根据很清楚,那就是建立在个人自由基础上的意思自治理论。但是,在因法律行为而建立的法律关系中,双方当事人的合意固然在一般意义上可以作为使得双方当事人关于某一利益分配格局获得正当化的理由,可是,由于在实践中双方当事人之间存在事实上的实力不均衡,仅仅有形式上的合意是远远不够的。如果仅仅以形式上合意的存在来论证当事人之间利益分配的正当化,往往会陷入循环论证。就其实质来看,这一标准只不过是对于具体当事人之间利益分配结果的一种消极认可而已,这是合意原则作为正当化私人自治所面临的重大问题。这一问题在由金融产品的销售而建立的法律关系中有非常明确的体现。如果仅仅依据形式上合意的存在来判断金融产品销售之法律行为的正当性,在很多情况下将是对投资者权利的剥夺。既然仅仅有合意的存在不能为金融产品销售之法律行为提供正当化的理由,那么,除了合意之外,在金融产品销售的过程中,还应当考虑什么样的因素呢?换句话说,在形式化的合意中加入一个什么样的因素可以使得合意能够真正体现投资者的真实意愿呢?笔者认为,贯彻"卖者尽责,买者自负",才能真正体现金融机构和投资者之间的法律关系。法院也必须以此来给予各方权利救济。

总之,应当强调"卖者尽责,进而推动买者自负",即卖者尽责是前提,买者自负是结果,并需平衡二者。

5.2 平衡投资者保护与市场效率关系

5.2.1 必要性

应当正视的是,追求效率、促进市场主体发展与投资者合法权益保护之间客观上存在一定的紧张关系。投资者与金融机构的商业性关系,要求实现投资者与金融机构及金融市场之间的平衡,需要找准两者的平衡点。既要通过加强投资者保护措施提振投资者的信心,又要保证金融机构通过合法合规经营获取利润。商业经营规则的正常运转,不应过分苛求金融机构服务的公益性,这是金融机构健康运营的重要保障。过度保护投资者,束缚金融机构,必将打击金融机构的积极性,从长远看,也不利于投资者。投资者保护并不是无条件"一边倒"地保护弱者,而是要平衡好金融机构与投资者之间的利益,更要注意维护好整个市场的效率。金融机构与投资者之间的利益均衡发展,是现代金融的发展方向。在卖者尽责的前提下,在强调保护投资者的同时,买者自负原则依然发挥其基础性作用,两者之间可以和谐共处,并行不悖。

5.2.2　不平衡的表现

投资者保护与市场效率间的不平衡有两方面表现:一是过于保护投资者,给市场带来消极影响。毋庸置疑,保护投资者是投资者适当性的出发点和最终目标。但在追求投资者保护的同时,我们不能忽略市场效率。即使我们追求以保护投资者为核心的价值取向,也不能因此给予金融机构过于繁重的义务和负担,否则将可能严重打消金融机构的积极性,最终给整个市场带来消极的影响。二是监管缺失或不严,违法成本低,市场无效。很多时候,市场从业人员认为金融监管过细、过严。但在对金融机构履行投资者适当性义务的监管上,我国不是过于严厉,而是监管不严。银保监会主席郭树清曾指出:"强调审批的环节太多,市场准入门槛高,一旦进入市场后,对行为、过程的监管就缺失了。进入成本很高,违法违规的成本很低,这样的市场无法做到高效。"[1]所以,需要平衡投资者保护与市场效率。要平衡两者,就不得走极端,要求对投资者的保护是金融机构销售过程做到合法、合规,而不是保证投资者不赔钱。比如刚性兑付,就不是正确、真实的投资者保护。同时,要求监管不能缺失,不作为也会影响市场效率,比如我国互联网金融领域的某些负面事件,就是监管缺失导

---

① 郭树清:《积极地审慎地探索和创造——在证券公司创新发展研讨会上的讲话》,2012年5月7日。

致。就我国而言,当前的主要矛盾并不是投资者保护过度,而是监管不力。

5.2.3 实现投资者保护与市场效率动态平衡

如前所述,当前的主要矛盾不是投资者保护过度,而是监管不力,这和金融创新尤其是资产管理业务相关。金融投资品创新的速度日新月异,且同一种金融产品运用的金融元素也有日益复杂化的趋势,使原先银行、证券、保险的金融产品或服务的区隔也日益模糊,创造出多元的整合性金融产品。至于对金融产品的监管,则跨越了现行机构的监管框架,仅靠主体监管,已经不能满足当前市场的需要。现行监管规范暴露出了监管不足。同时,实证研究表明,投资者保护水平越高,资本市场就越发达。所以,平衡投资者保护和市场效率的关键,是构建有效的投资者保护机制。

我国传统上由"一行三会"作为行政监管者,各自独揽相关领域投资者保护职责。该模式适应了在金融基础设施不完善和市场信用体系不健全的经济转型期迅速建成初级市场的需要,有利于监管者快捷地保护数量庞大而分散的投资者。但在金融市场纵深发展与互联网金融的冲击下,这一模式已受到巨大挑战。随着证券市场规模的膨胀和交易活动的深化,行政监管者具备的素质和拥有的资源,与高涨的投资者保护需求之间的关系日趋紧张。面对短期内难以改变的资源短缺,行政监管者既要为维持现有秩序疲于奔命,陷于日常管理的繁文缛节,脱离了其作为监管者应统领全局和主导建章立制的轨道;又囿于投资者保护的现实压力,更多地采用管制方式管理市场和遏制风险,减缓了金融创新且降低了市场发展水平。监管者代替投资者作事前价值判断,损害了风险自负规则。

而监管者的官僚组织结构和法定预算与编制的制约,难以招架与市场深化同步膨胀的投资者保护需求。正在兴起的普惠互联网金融,更加剧了投资者保护的复杂性和艰巨性,带给监管者空前的挑战。改革传统投资者保护模式,势在必行。

一是坚持投资者保护为导向,这是投资者适当性的立足点。随着资管产品市场的发展,资管产品规模扩大,风险愈加复杂,单凭监管部门的力量难以做到实时、全面监管,而广大投资者则是最有力的监管者。从保护投资者的角度出发,充分调动投资者的力量参与监督信息披露,才能有效防范风险。

二是保障市场效率。经验表明,以市场化的方向提高市场运行效率是推动资产管理市场发展的最有效方式,这也是资产管理市场发展初期所必须坚持的。

三是在新的业态出现时,引入"监管沙盒"。乱作为影响市场效率,不作为也会影响市场效率并给投资者带来损害。监管沙盒(regulatory sandbox)的概念由英国政府于2015年3月率先提出。按照英国金融行为监管局的定义,"监管沙盒"是一个"安全空间",在这个安全空间内,金融科技企业可以测试其创新的金融产品、服务、商业模式和营销方式,而不用在相关活动碰到问题时立即受到监管规则的约束。

本质上看,监管沙盒是监管者为履行其促进金融创新、保护金融消费者职能而制定的一项管理机制。这种机制的特别之处在于,金融机构或为金融服务提供技术支持的非金融机构,可以在真实的场景中测试其创新方案,而不用担心创新与监管规则发生矛盾时,可能遭遇的监管障碍。概括起来就是,监管者在以保护消费者权益、严防风险外溢的前提下,通过主动合理地放宽监管规定,减少金融科技创新的规则障碍,鼓励更多的创新方案积极主动地由想法变成现实。在此过程中,能够实现金融科技创新与有效管控风险的双赢局面。总之,监管沙盒既可以避免监管不作为,又可以避免监管乱作为,在保护投资者的同时,进行了金融创新,提升了市场效率。

5.2.4 引入非诉调解制度,完善纠纷解决机制

近年来,我国金融产品不断创新,但随着金融投资的增多,金融纠纷也不断增加,现行争议纠纷解决机制已不能适应金融市场发展趋势的要求。为了提供效率,可以尝试建立第三方非诉讼解决机制。《中共中央关于全面推进依法治国若干重大问题的决定》提出,"健全社会矛盾纠纷预防化解机制,完善调解、仲裁、行政裁决、行政复议、诉讼等有机衔接、相互协调的多元化纠纷解决机制。加强行业性、专业性人民调解组织建设";《最高人民法院关于建立健全诉讼与非诉讼相衔接的矛盾纠纷解决机制的若干意见》《关于进一步贯彻"调解优先、调判结合"工作原则的若干意见》等制度、文件,为建立与完善金融投资纠纷非诉讼第三方解决机制提供了立法依据。

非诉讼第三方解决机制处理应坚持三个原则。一是高效处置纠纷的原则。即处理金融投资纠纷应及时快速。二是倾斜保护原则。即解决金融投资纠纷的过程中,应在不违背公平正义和公序良俗的情况下,在诸如举证责任、专业注意义务等方面对投资者权益加强保护。若投资者不服裁决的,仍有权选择诉至法院。三是协作兼容原则。即解决金融消费投资纠纷的过程中,应该坚持协作保护原则,尽力促使投资者和金融机构就纠纷处理尽快达成一致意见,使各个机构能够协同合作,共同解决纠纷问题。

非诉讼第三方解决机制,与仲裁、诉讼形成功能互补、程序衔接、高

效、低成本的金融纠纷解决机制，以快速、有效地解决纠纷。在保护投资者的同时提升市场效率。

5.3 平衡新技术与传统技术关系

投资过股票、基金，或者购买过银行理财产品的，都会有这样的经历：金融机构会要求你回答一份问卷。各金融机构问卷的内容大同小异，主要包括客户年龄、财务状况、投资经验、投资目的、收益预期、风险偏好、流动性要求、风险认识以及风险损失承受程度等。有的金融机构职员会代投资者回答问卷。问卷回答，就是金融机构"了解客户"的方式和手段。对这种了解客户的方式，我们统称为传统技术。随着新技术的发展，部分金融科技企业将移动互联、机器学习、大数据、人工智能等技术用于"了解客户"领域。

5.3.1 传统技术与新技术各自的优缺点

准确性是传统技术最被诟病的地方。首先，金融机构并不核实投资者填写的信息，比如收入，无需投资者提供收入证明，完全采信其填写的数据。其次，由于风险承受能力等级与可投资的产品风险等级挂钩，为了博取高风险高收益产品，投资者有将自己风险承受能力等级填高的冲动。最后，出于销售的需要，部分金融机构的从业人员替代投资人进行问卷填答，完全不符合投资者自身情况，产生道德风险。中国平安集团专门就问卷准确性进行过测试，用两组数据对比，一是传统问卷风险承受能力评估，一是运用大数据、机器学习、人工智能等新技术建立模型进行风险承受能力测评。经过百万样本的测试比较,发现仅靠传统问卷得出的结果对投资者风险承受能力的误判率达到 60％以上。可以说,从适当性角度,传统方式用途不大,不能真正实现将合适的产品卖给合适的投资者,投资者保护是一句空话。

当然,从买者自负的角度,传统问卷方式有其独特优势。因为金融机构了解客户时所有的信息,均由客户自己提供,金融机构理所当然不需要对信息的真实性负责,而是由客户自行承担自己提供信息的后果。但从投资者适当性保护投资者为核心价值看,这一方式似乎更在乎保护金融机构而不是投资者。

新技术可以解决传统投资者风险承受能力测评不准确的痛点。不再依赖客户提供的信息,而是通过海量的大数据,通过机器学习、人工智能等,对投资者精准画像。这既保证了准确性,又降低了客户和金融机构的成本(客户无需提供材料,金融机构也无需人工审核)。

当然,新技术也有局限性,比如需要大量的实验或具有丰富经验的工作人员;需要大量准确的数据,数据越好,性能才会好,如果数据是恶意的,AI 还会被愚弄,给出错误甚至有害的结果;AI 不透明、无法解释,等等。另外,对客户数据的获取,涉及隐私权问题,如果信息被泄露,既造成道德风险,也可能违法犯罪。

5.3.2　新技术与传统技术的融合

1. 以大数据、机器学习、人工智能等新技术评估投资者的客观实力

以往,对投资者进行风险承受能力测评时,投资者的客观实力,依赖其自行填写,比如年收入、可投资金额等,但这缺乏客观数据验证,局限性明显。随着云计算等新技术的发展,海量数据的记录及运用变得可能,互

联网金融企业尝试利用平台累积的数据以及其他关联数据等大数据,通过机器学习等方式,建立投资者客观实力(客观实力,主要考查投资者基本信息、资产信息、投资行为、消费行为等)评估模型,通过模型对投资者的客观实力进行打分,能更为精准地判断投资者的客观实力。

2. 以问卷模型为主评估投资者主观风险偏好

问卷方式在评估投资者风险承受能力时仍能发挥重要作用,但问卷方向需要调整。问卷不再重点关注投资者的资产、收入等反映财务实力的信息,而主要考查投资者投资规划、投资经验、风险认知水平、风险敏感度等风险偏好方面的要素(主观风险偏好),同时结合心理分析题,多维度准确考量投资者主观风险偏好。

3. 综合新技术与传统手段,两维度、多因素评估投资者风险承受能力

新技术考量投资者的客观实力,问卷考量投资者主观风险偏好,以二者为基础,最终得出投资者风险承受能力等级。从投资者客观实力和主观风险偏好两个维度来评估投资者风险承受能力。

5.4 平衡新技术运用中的两种关系

5.4.1 隐私权保护与大数据应用平衡

1. 大数据属于谁

只有隐私权得到充分保障的前提下,探讨大数据属于谁才有意义。所以,无论在何种情况下,我们都要坚持隐私权得到充分尊重和保护。探讨大数据属于谁,是为了在更好保护隐私权的前提下充分发挥大数据的经济和社会效率,实现二者平衡。笔者的观点是,在隐私权得到保护的前

提下,谁用得好,大数据就归谁。

举个例子,如今大量顾客在淘宝上购物,逛淘宝店就会留下逛店的电子痕迹,这就是大数据。这数据归谁所有?你可以说这些数据归顾客所有,因为是他们逛店,数据是他们逛店逛出来的;你也可以说数据归电商所有,顾客既然来到电商的店里逛,那么留下的电子足迹就应该归电商所有;淘宝平台也可以说归自己所有,因为这些数据是在淘宝的平台上产生的,存在其平台上,所以这些数据应归其所有。公说公有理,婆说婆有理,这些数据到底应该归谁所有?

可以预测,这些数据不管最开始是谁产生的,不管它存在哪里,最后谁能够把这些数据运用好,他们就会不断争取、折腾,最后数据会落到他们手上。谁能把这些数据用好呢?逛店的顾客用不上这些数据,电商也不太能够把这些数据用好,淘宝平台用好这些数据的可能性更大。最后,也许是那些做电商页面设计的人,他们对这些数据特别敏感,这些数据对他们特别有用,他们会努力去获取这些数据,从而把网页设计得更得体。所以,如果我们针对大数据的归属做制度设计,就应该把制度设计成在履行隐私权保护的义务前提下,尽量方便能够更好运用数据的人得到这些数据,尽量减少当中的阻碍。这样,这些数据就能产生更大的效益。

2. 通过立法、监管、救济实现隐私权保护与大数据使用平衡

大数据归谁所有是有争议的。但无论大数据归谁所有,隐私权的保护都必须得到重视。因此需要通过立法、监管、救济实现隐私权保护,在此基础上实现大数据使用经济效益最大化。

我国的金融市场起步较晚,近些年来发展迅速。在此背景下,当前金融市场在信息安全方面正在经历重大的考验,越来越多的问题正在凸显出来。目前相关部门正在采取一些措施来进行规范,但是依然面临困难,

因此,我们需要学习和借鉴国外相关立法,逐步建立并完善我国的金融隐私法律体系。立法首先要明确界定受保护的主体、明确内涵和外延,重点明确相关人员的权限,如金融消费者知情权、修改权以及上诉权等;金融机构的保密义务及未尽该义务时应承担的法律责任;金融机构的免责条款等等。此外,哪些机构有权查询金融隐私及查询的条件和程序,以及这些机构在其职权范围之外获取的金融信息所构成的威胁,客户可采取的预防措施和救济手段等,都应在法律法规中予以明确。

建立了完善的法律制度之后,就要同步建立相关的问题解决机制和流程,包括金融机构自我监管、行政监管、侵权救济方式如调解和诉讼以及构建金融消费者自我保护机制等方面。从实践上看,金融市场上需要建立起完善的、多方制衡的纠纷解决机制来帮助解决信息安全问题。

首先,加强金融经营者政府监管力度。一方面要严格审查金融经营者资格,对其资质进行审核并进行监督,提高监管的透明度和可预测性。目前《中华人民共和国网络安全法》已经确立了网络安全监测预警和信息通报制度。此外,确立金融消费者团体申诉制度也是实现政府监管的重要制度。从操作层面上来说,可以成立一些出于公益目的的专门的社会团体或自发组织,来维护金融消费者的权益,代表其行使监督权力,使金融消费者的合法诉求能够被倾听、其合法权益得到保护。

另一方面要合理兼顾隐私保护和促进金融交易两者的平衡,不可顾此失彼。金融信息安全问题是在经济发展过程中产生的,金融市场越发达,互联网经济越繁荣,社会发展越进步,金融隐私潜在的隐患问题就越多。我们不能因噎废食,因为担心隐私安全问题而不发展金融市场,重点应该放在如何建立有效的金融隐私保护机制来帮助我国的金融市场更加健康长远地发展。因此,既要尊重消费者金融信息的隐私,也鼓励金融机构在法律许可的范围内对金融隐私数据加以利用,在满足金融交易需求的同时做到不侵害消费者的金融隐私权益。

其次，加强金融机构自我监管制度建设。这种制度建设表现在以下几方面：

建立完善的内部控制制度。从金融机构的内部来说，要建立起完善严格科学的操作流程，从制度层面规范化管理，同时，要加大对从业人员的相关法律法规以及专业知识的培训力度，并将其职责纳入考评之中，将信息安全规范成制度，严格遵守。其中重点是要对关键性的岗位重点监控。对涉及个人信息数据的查询、使用等事项，要坚持严格、规范的审批程序，不可随意而为，并定期、不定期地开展各项检查和演练，防患于未然。

要加强信息系统的建设。通过规定不同级别的权限、程序等方面来加强保密系统建设，同时，对相关人员的身份、级别等信息要严格予以控制和核实，并定期、不定期地开展第三方机构的审计工作，建立各类相关应急预案，将风险控制落到实处。

在外包业务上要注重隐私保护。一是要建立外包服务供应商的竞争机制，严格审核其资格，提高准入门槛。二是要通过签订合同等方式降低外包业务中产生的相关金融隐私风险，对相关事项予以明确规定。严格履行金融隐私信息等资料交接登记手续，保证职责范围内的责任清楚划分；明确资料交接相关查验程序，方便依法追究违规操作人员的责任。三是完善资料交接及销毁制度。此外，在外包服务期结束之后，要严格要求该公司以及相关人员将金融信息及资料等退回或者销毁，并派专人予以监督。

最后，针对金融隐私信息中可能产生的纠纷等问题，可以形成自救机制，让消费者形成自发维权意识，进行自我保护。一方面，相关社会团体或组织要从法律层面上获得诉讼资格。另一方面，提高维权意识，并明确相关责任。对于在金融交易中涉及个人信息,给客户个人带来伤害的,金融机构要为此承担相应责任,造成严重损害时须承担财产和精神损害双重赔偿责任。在日常生活中,金融监管部门要加大相关法律法规的宣传和普及力度,消费者自身也要有安全和维权意识,一旦发现,就要及时地采取措施或者上报相关部门,避免或减少由此引发的损失。

5.4.2　客户自主行为与新技术功能平衡

相较于传统问卷方式,以大数据、机器学习、人工智能为代表的新技术在对投资者画像时,更多体现了金融机构的主动行为而不是被动接受客户提供的有限资料。从传统观点看,客户在金融机构购买投资产品和客户向金融机构申请融资时不尽相同。即客户投资时,金融机构主要是被动接受客户提供的资料,而客户申请融资时,金融机构对客户提供的资料,有权相信或不相信该等资料,依赖自身判断来决策是否给客户授信额度。对待投资和融资的不同,基本原因有二。一是金融机构的主体属性不一。投资时客户是权利主体,融资时金融机构是权利主体。融资对金融机构而言是权利,要保护自己的权利,就需要确保融资人按时、按量归还贷款,必须对客户做到精准信用能力画像,甄别客户提供资料的真实、准确性,必要时,引进第三方数据,最终确保客户还款意愿和还款能力的合理性。二是成本可控性。从精准营销和打破刚性兑付看,客户投资时,金融机构完全有必要精准识别客户,在技术突破前,金融机构精准识别客户的成本和销售投资产品的收益相比并不经济,同时,过去理财产品都是刚性兑付,即使精准识别客户,在刚性兑付的前提下,最终结果一样,则精准识别的成本更加显得无效。所以,识别客户确实没有必要,这也导致对投资者进行风险评估形式化,仅仅是流于形式和追求表面合规不得已的做法。可以确信的是,如果一直保持刚性兑付,且监管机构不要求对投资者进行风险承受能力测评,则没有金融机构会主动对投资者实现风险承受能力测评。

随着市场和监管的发展,打破刚性兑付已经是必然。同时,新技术的出现,也使得在投资时精准识别客户的成本不再是问题。所以,将来的趋势必然是如同在客户融资时对客户信用能力画像,赋予金融机构必要的权利,在客户投资时也需要对客户进行投资能力画像。但也如前所述,投资是客户的权利,赋予金融机构权利就必然对客户权利进行了部分限制,如何平衡二者至关重要。

我们通过新技术对投资者画像时发现,投资者有两种情形被识别,一是投资者隐瞒自己的风险承受能力(包括降低和放弃),一是投资者夸大自己的风险承受能力。如果纠正这两种情形,在实质上是对投资者权利的限制。是否能纠正,笔者的观点是,在制度配套完善的前提下,投资者夸大自己风险承受能力的,应当予以纠正。打破刚性兑付,必须是以卖者尽责、合适的投资者买到合适的产品为前提。为了确保合适的投资者买到的产品是合适的,投资者的风险承受能力必须与产品风险度匹配。隐瞒自己的风险承受能力,是客户对自己可以购买更高风险产品权利的处置和放弃,夸大自己的风险承受能力,是以形式合规掩盖实质不合适。从民法的角度,该等"权利"被限制和修正,在投资者与金融机构之间,是合法且公平的。所以,在利用新技术对客户画像时,坚持"两者取其小"规则。即当新技术识别了客户隐瞒自己的实力时,以客户提供的信息为准,当新技术识别了客户夸大自己的风险承受能力时,以新技术识别结果为准。

但在新技术不断深入使用的同时,值得深思的新问题也不断被提出。例如,如何衡量模型评分的精准度?是否存在模型歧视?客户的风险承受能力，特别是主观因素方面，在很大程度上与个人的心理相关，没有可量化的标准。评判量化的准确性，也很难通过获得直接验证样本的方式进行。在建模的过程中，目前流行的 AI 技术，越复杂的建模技术，可解释性也越较弱。面对一个黑箱模型，要获得各界与监管的认可，面对的挑战和质疑也会非常大。

第 6 章
投资者适当性的完善

投资者适当性起源于美国的资本市场,引入中国之初,并没有得到应有的重视。最近几年来,由于我国资产管理业务的高速发展,刚性兑付困扰着资管业务的方方面面,从"买者自负"到"卖者尽责、买者自负"观念的转变,更多的学者和资管业务从业专家开始关注和研究投资者适当性,相关部门也加强了投资者适当性立法工作,证监会率先颁布了《证券期货投资者适当性管理办法》。值得注意的是,我国股票市场和公募基金市场没有刚性兑付,投资者投资股票和公募基金完全是自负盈亏,自担风险。这一现象应当引起刚性兑付的其他资管业务的深思。《关于规范金融机构资产管理业务的指导意见》提出了投资者适当性管理要求。要求"金融机构发行和销售资产管理产品,应当坚持'了解产品'和'了解客户'的经营理念,加强投资者适当性管理,向投资者销售与其风险识别能力和风险承担能力相适应的资产管理产品。禁止欺诈或者误导投资者购买与其风险承担能力不匹配的资产管理产品。金融机构不得通过对资产管理产品进行拆分等方式,向风险识别能力和风险承担能力低于产品风险等级的投资者销售资产管理产品。金融机构应当加强投资者教育,不断提高投资者的金融知识水平和风险意识,向投资者传递'卖者尽责、买者自负'的理念,打破刚性兑付。"

《关于规范金融机构资产管理业务的指导意见》虽然提出了投资者适当性管理要求,但仍停留在原则性阶段,对于金融机构按照什么标准,如何落实投资者适当性,并没有详细规定。笔者认为,一个完善的投资者适当性制度,是我国资产管理行业打破刚性兑付的基础和核心。一个理想、完善的投资者适当性制度,应当从宏观和微观两个层面予以规范。在宏观层面,定位投资者适当性制度的立法层级;在微观层面,明确金融机构经营者的义务,主要包括了解客户、了解产品、客户与产品的适配、信息披露以及投资者教育等五大方面。

6.1 投资者适当性立法

6.1.1 银监会体系投资者适当性监管相关规定

1. 银行理财

2005 年中国银监会颁布《商业银行个人理财业务管理暂行办法》,该办法中规定了商业银行在销售投资产品时所应承担的义务。首先,在客户购买相关产品前要对客户的财务状况进行评估;其次,在银行对客户的风险承受能力、资金状况、产品识别能力和专业素质作出充分了解的前提下,向客户提供合适的产品供其选择。最后,为了使客户在购买产品时具有风险意识,银行必须告知此产品的运作方式及市场前景。

2006 年银监会颁布了《商业银行业务创新指引》,该指引第 16 条在前法的基础上进一步规定了商业银行"认识客户"的义务,并且进一步对商业银行向客户提供不适合金融产品的行为作了明令禁止。同年 6 月,银监会又发布了《关于商业银行开展个人理财业务风险提示的通知》,该通知明确要求银行理财产品要有计划性、针对性、合理性。

2008年4月《关于进一步规范商业银行个人理财业务有关问题的通知》颁布,银监会在该通知中强调理财产品的设计需要根据客户的不同情况进行分类分层,本着以客户利益为主导的原则去寻找适合的目标客户群体。

2011年10月银监会颁布《商业银行理财产品销售管理办法》,首次针对银行理财产品在投资者适当性方面作出了全面的规定,具体如下:

商业银行在理财产品销售过程中应遵循诚实守信、勤勉尽责、如实告知原则。

商业银行销售理财产品,应当遵循风险匹配原则,禁止误导客户购买与其风险承受能力不相符合的理财产品。风险匹配原则是指商业银行只能向客户销售风险评级等于或低于其风险承受能力评级的理财产品。

明确对客户风险提示及信息披露要求,对理财产品的销售及宣传销售文本管理进行规范。

商业银行须对拟销售的理财产品自主进行风险评级,制定风险管控措施,进行分级审核批准。理财产品风险评级结果应当以风险等级体现,由低到高至少包括五个等级,并可根据实际情况进一步细分。风险评级的依据应当包括但不限于以下因素:理财产品投资范围、投资资产和投资比例;理财产品期限、成本、收益测算;本行开发设计的同类理财产品过往业绩;理财产品运营过程中存在的各类风险。

商业银行应当在客户首次购买理财产品前在本行网点进行风险承受能力评估。风险承受能力评估依据至少应当包括客户年龄、财务状况、投资经验、投资目的、收益预期、风险偏好、流动性要求、风险认识以及风险损失承受程度等。商业银行对超过65岁(含)的客户进行风险承受能力评估时,应当充分考虑客户年龄、相关投资经验等因素。商业银行完成客户风险承受能力评估后应当将风险承受能力评估结果告知客户,由客户签名确认后留存。

首次明确了私人银行客户及高资产净值客户的投资人标准:一是私人银行客户是指金融净资产达到600万元人民币及以上的商业银行客户;商业银行在提供服务时,由客户提供相关证明并签字确认。二是高资产净值客户需满足下列条件之一:单笔认购理财产品不少于100万元人民币的自然人;认购理财产品时,个人或家庭金融净资产总计超过100万元人民币,且能提供相关证明的自然人;个人收入在最近三年每年超过20万元人民币或者家庭合计收入在最近三年内每年超过30万元人民币,且能提供相关证明的自然人。

2. 信托公司

信托公司投资者适当性管理相关监管规定主要见于中国银监会2009年2月颁布的《信托公司集合资金信托计划管理办法》,相关具体规定如下:

集合资金信托计划合格投资者,是指符合下列条件之一,能够识别、判断和承担信托计划相应风险的人:投资一个信托计划的最低金额不少于100万元人民币的自然人、法人或者依法成立的其他组织;个人或家庭金融资产总计在其认购时超过100万元人民币,且能提供相关财产证明的自然人;个人收入在最近三年内每年收入超过20万元人民币或者夫妻双方合计收入在最近三年内每年收入超过30万元人民币,且能提供相关收入证明的自然人。

信托公司推介信托计划,应有规范和详尽的信息披露材料,明示信托计划的风险收益特征,充分揭示参与信托计划的风险及风险承担原则,如实披露专业团队的履历、专业培训及从业经历,不得使用任何可能影响投资者进行独立风险判断的误导性陈述。

信托公司异地推介信托计划的,应当在推介前向注册地、推介地的中国银行业监督管理委员会省级派出机构报告。

对客户披露的文件至少应包括认购风险申明书、信托计划说明书、信托合同等,并对每种文件应披露的内容作出了详细规定。

6.1.2 证监会体系投资者适当性监管相关规定

证监会体系投资者适当性规定既有针对特定主体的,又有统一的规定。

1. 针对特定主体的投资者适当性规定

(1) 证券公司。

2008 年 4 月,国务院发布的《证券公司监督管理条例》要求"证券公司从事证券资产管理业务、融资融券业务,销售证券类金融产品,应当按照规定程序,了解客户的身份、财产与收入状况、证券投资经验和风险偏好,并以书面和电子方式予以记载、保存。证券公司应当根据所了解的客户情况推荐适当的产品或者服务"。由此在证券经纪业务和基金销售业务领域开始对投资者进行投资能力和风险承受能力测评,进行了投资者适当性管理的初步尝试。2009 年推出的创业板、2010 年推出的股指期货业务和融资融券业务及 2013 年推出的新三板业务,都广泛实施了投资者适当性制度。

融资融券由于是保证金交易,采用了资金杠杆,融通的资金或证券有期限要求且具有放大收益及风险的功能,与证券现货交易相比风险要大很多,所以我国推出信用交易的同时建立了投资者适当性制度。《证券公司融资融券试点管理办法》第 12 条规定:证券公司在向客户融资、融券前,应当办理客户征信,了解客户的身份、财产与收入状况、证券投资经验和风险偏好,并以书面和电子方式予以记载、保存。对未按照要求提供有关情况、在本公司从事证券交易不足半年、交易结算资金未纳入第三方存管、证券投资经验不足、缺乏风险承担能力或者有重大违约记录的客户,以及本公司的股东、关联人,证券公司不得向其融资、融券。证券公司应当制定符合前款规定的选择客户的具体标准。《证券公司融资融券试点管理办法》第15条规定:证券公司与客户签订融资融券合同前,应当指定专人向客户讲解业务规则和合同内容,并将融资融券交易风险揭示书交由客户签字确认。

创业板上市公司一般规模较小、主营业务单一,企业抗风险能力较弱,风险容易经由公司的股票交易传导至投资者。事实上这种风险既有投资者作为创业板公司股东而承担的公司经营性风险,也有创业板公司出现影响价格的价值变化而导致的交易风险。故我国创业板开板伊始,就有针对性地建立了创业板市场投资者适当性制度。中国证券监督管理委员会于2009年6月30日发布《创业板市场投资者适当性管理暂行规定》,该规定于7月15日起施行。同年7月1日,深圳证券交易所发布《创业板市场投资者适当性管理实施办法》(深证发〔2009〕17号),次日发布《创业板市场投资者适当性管理业务操作指南》。2010年11月19日深交所发布《会员持续开展创业板市场投资者适当性管理业务指引》(深证会〔2010〕75号),要求交易所的会员——主要指从事证券经纪业务的证券公司,承担投资者适当性管理义务。创业板市场的投资者适当性制度与前述融资融券交易方式的投资者适当性制度的内容框架基本一致。《创业板市场投资者适当性管理暂行规定》第4条规定,证券公司应当建立健全创业板市场投资者适当性管理工作机制和业务流程,了解客户的身份、财产与收入状况、证券投资经验、风险偏好及其他相关信息,充分提示投资者审慎评估其参与创业板市场的适当性;第5条规定,投资者申请开通创业板市场交易时,证券公司应当区分投资者的不同情况,向投资者充分揭示市场风险,并在营业场所现场与投资者书面签订"创业板市场投资风险揭示书"。

新三板市场方面,根据 2013 年 2 月证监会颁布的《全国中小企业股份转让系统投资者适当性管理细则(试行)》,及同年发布的关于修改《全国中小企业股份转让系统投资者适当性管理细则(试行)》的公告,投资者适当性管理相关条款如下:

● 投资者应当配合主办券商投资者适当性管理工作,如实提供申报材料。投资者不予配合或提供虚假信息的,主办券商可以拒绝为其办理挂牌公司股票公开转让相关业务。

● 合格投资者要求:符合下列条件的自然人投资者可以申请参与挂牌公司股票公开转让:(一)投资者本人名下前一交易日日终证券类资产市值 500 万元人民币以上。证券类资产包括客户交易结算资金、在沪深交易所和全国股份转让系统挂牌的股票、基金、债券、券商集合理财产品等,信用证券账户资产除外。(二)具有两年以上证券投资经验,或具有会计、金融、投资、财经等相关专业背景或培训经历。投资经验的起算时间点为投资者本人名下账户在全国股份转让系统、上海证券交易所或深圳证券交易所发生首笔股票交易之日。

2017 年 6 月,证券业协会发布了《证券经营机构投资者适当性管理实施指引》,作为《证券期货投资者适当性管理办法》(见后文的详细介绍)的配套规则,《指引》对《办法》中与投资者分类、产品分级、适当性匹配等相关的规则进行细化规定:一是投资者的分类:明确了投资者可按其风险承受能力由低至高至少划分为五类,即保守型、谨慎型、稳健型、积极型和激进型。二是产品或服务的分类:包括"证券公司、证券公司子公司以及证券投资咨询机构"在内的证券经营机构向投资者销售证券期货产品或者为投资者提供相关业务服务时,应当了解产品或服务的信息,依据《产品或服务风险等级名录》制作风险等级评估文件,由低至高划分,也分为五类,即低风险、中低风险、中风险、中高风险、高风险。三是统一了投资者风险承受能力问卷。

(2)基金公司。

2007年12月证监会颁布《证券投资基金销售适用性指导意见》,其中关于投资者适当性管理的规定主要有如下几点:

基金销售机构建立基金销售适用性管理制度,至少包括以下内容:对基金管理人进行审慎调查的方式和方法;对基金产品的风险等级进行设置、对基金产品进行风险评价的方式或方法;对基金投资人风险承受能力进行调查和评价的方式和方法;对基金产品和基金投资人进行匹配的方法。

要求基金销售机构审慎调查,评价基金产品风险等级(至少三个等级)。基金产品风险评价应当至少依据以下四个因素:基金招募说明书所明示的投资方向、投资范围和投资比例;基金的历史规模和持仓比例;基金的过往业绩及基金净值的历史波动程度;基金成立以来有无违规行为发生。

基金销售机构应当建立基金投资人调查制度,制定科学合理的调查方法和清晰有效的作业流程,对基金投资人的风险承受能力进行调查和评价。基金投资人评价应以基金投资人的风险承受能力类型来具体反映,应当至少包括保守型、稳健型及积极型。

对基金投资人进行风险承受能力调查,应当从调查结果中至少了解到基金投资人的投资目的、投资期限、投资经验、财务状况、短期风险承受水平及长期风险承受水平等。

2013年3月证监会颁布《证券投资基金销售管理办法》,其中关于投资者适当性管理的规定与《证券投资基金销售适用性指导意见》相比并无太多变化,比较有新意的是增加了关于投资者教育的规定:基金销售机构应当加强投资者教育,引导投资者充分认识基金产品的风险特征,保障投资者合法权益。

2012年9月证监会颁布《基金管理公司特定客户资产管理业务试点办法》,关于销售资产管理计划相关的投资者适当性规定如下:

为单一客户办理特定资产管理业务的,客户委托的初始资产不得低于3 000万元人民币;为多个客户办理特定资产管理业务的,资产管理人应当向符合条件的特定客户销售资产管理计划。符合条件的特定客户,是指委托投资单个资产管理计划初始金额不低于100万元人民币,且能够识别、判断和承担相应投资风险的自然人、法人、依法成立的组织或中国证监会认可的其他特定客户。资产管理人为多个客户办理特定资产管理业务的,单个资产管理计划的委托人不得超过200人,但单笔委托金额在300万元人民币以上的投资者数量不受限制;客户委托的初始资产合计不得低于3 000万元人民币,但不得超过50亿元人民币。

为多个客户办理特定资产管理业务的,资产管理人在签订资产管理合同前,应当保证有充足时间供资产委托人审阅合同内容,并对资产委托人资金能力、金融投资经验和投资目的进行充分了解,制作客户资料表和相关证明材料留存备查,并应指派专人就资产管理计划向资产委托人作出详细说明。

资产管理人、资产托管人应当在资产管理合同中充分揭示管理、运用委托财产进行投资可能面临的风险,使资产委托人充分理解相关权利及义务,愿意承担相应的投资风险。

2014年10月中国证监会颁布《私募投资基金监督管理暂行办法》,规定私募基金应当向合格投资者募集。私募基金合格投资者是指具备相应风险识别能力和风险承担能力,投资于单只私募基金的金额不低于100万元且符合下列相关标准的单位和个人:一是净资产不低于1 000万元的单位。二是金融资产不低于300万元或者最近三年个人年均收入不低于50万元的个人。其中,金融资产包括银行存款、股票、债券、基金份额、资产管理计划、银行理财产品、信托计划、保险产品、期货权益等。三是有三类投资者可视为"当然合格投资者",不对其资产规模、收入和单笔投资金额标准有要求,具体包括:

● "社保基金、企业年金等养老基金和慈善基金等社会公益基金",由于其资金具有较高稳定性且可以用作长期投资,适合投资于私募基金。

● "依法设立并在基金业协会备案的投资计划",既包括独立管理机构设立的以投资于私募基金为目的的"基金的基金"等集合投资计划,也包括商业银行、信托公司、保险资产管理公司、证券公司、期货公司、公募证券基金管理公司等各类基金管理机构及其子公司设立的各类投资计划。因其已在中国基金业协会备案,其投资已经按《私募监管暂行办法》规定的合格投资者标准进行过核查,所以,均可以视为合格投资者。

● 对于"投资于所管理私募基金的私募基金管理人及其从业人员",前者为专业投资者,后者是充分知情人,故也将其视为合格投资者。

根据《私募投资基金募集行为管理办法》的规定,合格投资者确认以及基金合同签署的程序主要如下:一是揭示风险。在投资者签署基金合同之前,私募基金募集机构应当说明有关法律法规,说明投资冷静期、回访确认等程序性安排以及投资者的相关权利,重点向投资者揭示基金风险,并与投资者签署风险揭示书。二是审查合格投资者条件。私募基金募集机构应当要求投资者提供必要的资产证明文件或收入证明,募集机构应当合理审慎地审查其是否符合合格投资者条件,并履行反洗钱义务。三是进入投资冷静期。在完成合格投资者确认程序后,签署私募基金合同,基金合同应当约定给投资者设置不少于 24 小时的投资冷静期,募集机构在投资冷静期内不得主动联系投资者。四是回访确认。在冷静期满后,募集机构应当指令本机构从事基金销售推介业务以外的人员以录音电话、电邮、信函等留痕方式进行回访,回访过程不得出现诱导性陈述。如投资者在回访确认成功前解除基金合同,募集机构应当按照基金合同的约定,及时退还投资者全部认购款项。

2017 年 6 月,同样作为《证券期货投资者适当性管理办法》的配套规则,基金业协会也发布了《基金募集机构投资者适当性管理实施指引(试行)》,《指引》对《办法》中与投资者分类、产品分级、适当性匹配等相关的规则进行细化规定,与证券业协会规则较为相似,同时也统一了投资者风险承受能力问卷。

(3) 期货公司。

2010 年 2 月证监会颁布《关于建立股指期货投资者适当性制度的规定(试行)》及《关于建立金融期货投资者适当性制度的规定》,建立了我国金融期货交易中的投资者适当性基本制度。《关于建立股指期货投资者适当性制度的规定(试行)》规定,股指期货投资者适当性制度是指根据股指期货的产品特征和风险特性,区别投资者的产品认知水平和风险承受能力,选择适当的投资者审慎参与股指期货交易,并建立与之相适应的监管制度安排;要求中金所(中国金融期货交易所)应当从投资者的经济实力、股指期货产品认知能力、投资经历等方面,制定投资者适当性制度的具体标准和实施指引,并报中国证监会备。据此中金所制定了《股指期货投资者适当性制度实施办法(试行)》,具体规定如下:

• 资本门槛:投资者前一交易日日终保证金账户可用资金余额不低于人民币 50 万元。

• 交易经验:投资者在期货公司会员为其向交易所申请开立交易编

码前一交易日日终应当具有累计 10 个交易日、20 笔以上的股指期货仿真交易成交记录。一笔委托分次成交的视为一笔成交记录。期货公司会员应当从交易所查询投资者仿真交易数据,并根据查询结果对投资者的仿真交易经历进行认定。投资者商品期货交易经历应当以加盖相关期货公司结算专用章的最近三年内商品期货交易结算单作为证明,且具有 10 笔以上的成交记录。

- 产品认知水平:期货公司会员应当从保护投资者合法权益的角度出发,测试投资者是否具备参与股指期货交易必备的知识水平。测试成绩不得低于 80 分。

- 期货公司会员应当根据综合评估情况填写"股指期货自然人投资者适当性综合评估表",涵盖基本情况、相关投资经历、财务状况、诚信状况等,综合评估得分在 70 分以下的投资者不得开立股指期货交易编码。

根据 2012 年 7 月证监会颁布的《期货公司资产管理业务试点办法》,中国期货业协会于 2015 年制定了《期货公司资产管理业务投资者适当性评估程序》,要点如下:

- 期货公司应当采取问卷调查等方式,对投资者的风险识别能力和风险承担能力进行评估,由投资者书面承诺符合《私募投资基金监督管理暂行办法》合格投资者标准;期货公司应当制作风险揭示书,由投资者签字确认。

- 期货公司与投资者签订资产管理合同,并确认该投资者初始认购金额不低于 100 万元人民币,方可为其提供资产管理服务。

- 期货公司应当从控制风险,保护投资者合法权益角度出发,指导投资者填写"期货公司资产管理业务投资者调查问卷",了解投资者所属行业、风险偏好、资金来源等情况,重点评估其风险认知水平和风险承受能力。

2. 证监会体系统一的投资者适当性规则

除了针对主体的规定外，随着市场的发展以及监管经验的丰富，2016年12月，证监会体系统一的投资者适当性规则《证券期货投资者适当性管理办法》由中国证监会正式颁布，并于2017年7月1日起施行。该《办法》解决了证监会体系投资者适当性统一标准的问题，明确经营机构的适当性责任，保护投资者尤其是中小投资者，其核心是"将合适的产品销售给合适的投资者"。

市场普遍认为，这是我国资本市场第一部全面系统规范资本市场适当性管理的制度，涵盖证券、基金、期货及衍生品市场，是保护证券投资者、基金份额持有人、期货及衍生品交易者合法权益的基石。

《证券期货投资者适当性管理办法》具体相关规定如下：

首次区分了普通投资者与专业投资者，对不同类别的投资者提供不同的法律保护。

强化了经营机构对普通投资者的适当性义务，第二十条规定经营机构在向普通投资者销售高风险产品或提供相关服务时，应当履行特别注意义务，包括给予普通投资者更多的考虑时间或增加回访频次等。

明确规定普通投资者与专业投资者在一定条件下可以相互转化，允许投资者分类做出有限调整，经营机构可以按照《办法》规定的程序自主决定是否允许投资者类别转化。

普通投资者和部分专业投资者在一定条件下可以互相转化。部分专业投资者可以通过书面告知经营机构的方式成为普通投资者，要求经营机构对其履行相应的适当性义务。"普通投资者"转为"专业投资者"，需要满足以下任一条件：(1)近1年末净资产不低于1 000万元，最近1年末金融资产不低于500万元，且具有1年以上证券、基金、期货、黄金、外汇等投资经历的除专业投资者外的法人或其他组织；(2)金融资产不低于

300 万元或者最近 3 年个人年均收入不低于 30 万元,且具有 1 年以上证券、基金、期货、黄金、外汇等投资经历或者 1 年以上金融产品设计、投资、风险管理及相关工作经历的自然人投资者。

经营机构应当了解所销售产品或者所提供服务的信息,根据风险特征和程度,对销售的产品或者提供的服务划分风险等级。划分产品或者服务风险等级时应当综合考虑:流动性、到期时限、杠杆情况、结构复杂性、投资单位产品或者相关服务的最低金额、投资方向和投资范围、募集方式、发行人等相关主体的信用状况、同类产品或者服务过往业绩等。

投资者适当性管理的基本目标是"将适当的产品销售给适当的投资者"。对于投资者购买经评估超过其风险承受能力的产品,《办法》作了两方面规定:一是经营机构经过评估,告知投资者不适合购买相关产品或接受相关服务后,对于主动要求购买超出其风险承受能力产品的投资者,经营机构要确认其不属于风险承受能力最低类别,并进行书面风险警示,如投资者仍坚持购买,可以向其销售;二是禁止经营机构向风险承受能力最低类别的投资者销售或提供风险等级高于其风险承受能力的产品或服务。

金融经营机构向普通投资者销售产品或者提供服务前,应当告知下列信息:可能直接导致本金亏损的事项;可能直接导致超过原始本金损失的事项;因经营机构的业务或者财产状况变化,可能导致本金或者原始本金亏损的事项;因经营机构的业务或者财产状况变化,影响客户判断的重要事由;限制销售对象权利行使期限或者可解除合同期限等全部限制内容;适当性匹配意见等。

6.1.3 保监会体系投资者适当性监管相关规定

保险公司投资者适当性管理相关监管规定主要见于《中国保监会关

于保险资产管理公司开展资产管理产品业务试点有关问题的通知》。该通知要求资产管理产品只能向境内保险集团(控股)公司、保险公司、保险资产管理公司等具有风险识别和承受能力的合格投资人发行,并规定了向单一投资人发行定向产品的初始认购资金不得低于 3 000 万元人民币,向多个投资人发行的集合产品,投资人总数不得超过 200 人,单一投资人初始认购资金不得低于 100 万。

6.1.4 资管新规关于投资者适当性的规定

2018 年 4 月,中国人民银行、中国银行保险监督管理委员会、中国证券监督管理委员会、国家外汇管理局联合印发了《关于规范金融机构资产管理业务的指导意见》,该指导意见旨在打破分业监管藩篱,规范整个资管行业的业务发展。其中涉及投资者适当性管理的具体规定如下:

一是明确要求金融机构履行投资者适当性。资管新规要求实行"投资者适当性管理制度":金融机构应当坚持"了解产品"和"了解客户"的经营理念,加强投资者适当性管理,根据投资者的风险识别能力和风险承担能力向其销售相适应的资产管理产品。禁止欺诈或者误导投资者购买与其风险承担能力不匹配的资产管理产品。金融机构不得通过对资产管理产品进行拆分等方式,向风险识别能力和风险承担能力低于产品风险等级的投资者销售资产管理产品。

二是将投资者作了分类。资产管理产品的投资者分为不特定社会公众和合格投资者两大类。合格投资者是指具备相应风险识别能力和风险承担能力,投资于单只资产管理产品不低于一定金额且符合下列条件的自然人和法人或者其他组织:(1)具有 2 年以上投资经历,且满足以下条件之一:家庭金融净资产不低于 300 万元,家庭金融资产不低于 500 万元,或者近 3 年本人年均收入不低于 40 万元。(2)最近 1 年末净资产不低于 1 000 万元的法人单位。(3)金融管理部门视为合格投资者的其他情形。

合格投资者投资于单只固定收益类产品的金额不低于 30 万元,投资于单只混合类产品的金额不低于 40 万元,投资于单只权益类产品、单只商品及金融衍生品类产品的金额不低于 100 万元。

三是实施投资者教育。资管新规要求金融机构应当加强投资者教育,不断提高投资者的金融知识水平和风险意识,向投资者传递"卖者尽责、买者自负"的理念,打破刚性兑付。

由此可见,国内投资者适当性管理制度在监管部门的关注下,正呈现逐步统一之势。

6.1.5 现有投资者适当性制度评价与立法建议

1. 现有制度评价

(1)制度定位于金融机构风险控制,而不是投资者保护。

投资者适当性的核心和目的是保护投资者,但从我国现有的规定来看,其出发点是为了规范市场秩序、防范市场风险,将其作为金融机构有效控制风险的一种手段,因此也视为一种管理制度。对投资者适当性内容规定较为齐全的《商业银行理财产品销售管理办法》,开篇明确指出,办法是为了规范商业银行理财产品销售活动,促进商业银行理财业务健康发展,对投资者的保护只字未提。不可否认,适当性规则确实具有双重功能——对于金融机构而言,通过客户管理控制风险,进而实现业务健康有序发展;对投资者而言,通过对金融机构课以适当性义务,弥补投资者信息不对称和识别能力的不足,保障其合法权益。但是,双重功能的落脚点和根本是保护投资者,否则,定位不准,将会影响投资者适当性运行效果。自律规则《金融期货投资者适当性制度实施办法》(2014 年版)第 17 条的规定更是不顾投资者的利益,该条规定,"投资者应当遵守'买卖自负'的原则,承担金融期货交易的履约责任,不得以不符合投资者适当性标准为由拒绝承担金融期货交易履约责任"。笔者一直强调,唯有卖者尽责,才能买者自负。该条只提买者的责任,对卖者的义务只字不提,买者只有义务没有权利,能在投资者适当性制度中如此直白约定,只能说是制度的根本目的出了偏差,否则不可解释。

(2)效力不够,金融机构不重视。

可以说,在资本市场,我国投资者适当性制度规则还是比较齐全的,从自律规则到法律规则,从自律监管到政府监管。在银行理财市场,也有部门规章规范投资者适当性。然后,事实是,主要规则要么是自律性规则,要么是部门规章,并没有一部法律意义上的投资者适当性规范。法律层面投资者适当性规范缺失,直接导致效力低,金融机构不会真正重视并履行相关义务。一个不争的事实是,无论是在证券机构还是在银行,除了线上外,当线下投资者开户时,金融机构从业人员往往会代替投资者进行投资者风险承受能力问卷测评,用"走过场"的形式完成"了解客户"。可以想象,"了解客户"的效果不会很好。作为投资者适当性的第一步就不真实,谁还会真正在意是否适配呢?所以刚性兑付的幽灵会始终徘徊。

(3)投资者无诉权,震慑力不够。

通过梳理我们发现,除了《证券期货投资者适当性管理办法》规定金融机构履行适当性义务存在过错并造成投资者损失要依法承担相应法律责任外(该办法第 34 条规定,经营机构应当妥善处理适当性相关的纠纷,与投资者协商解决争议,采取必要措施支持和配合投资者提出的调解。经营机构履行适当性义务存在过错并造成投资者损失的,应当依法承担相应法律责任），其他的适当性规则除了监管处罚外，投资者并不能就金融机构违反适当性规定而对金融机构提起诉讼。没有救济手段的制度不是完整的制度。即使有监管部门处罚的威慑，但出于行业的保护、监管与被监管的博弈，监管处罚对金融机构而言，往往是高高举起、轻轻放下。监管处罚对金融机构的影响，远没有达到"伤筋动骨"的功效。轻微的行政处罚不能促使金融机构履行投资者适当性相关义务。投资者在金融机构不履行投资者适当性义务而导致其损失，从而向法院提起诉讼时，因为适当性规则并没有规定金融机构需承担法律责任，法院不能依据适当性规则要求金融机构承担投资者的损失。如果根据合同约定，典型的买者自负，同时，加之事件的发生地点在金融机构，资料等金融机构也更齐全，根据"谁主张谁举证"证据原则，投资者很难提供足够的证据证明金融机构违反了哪些法律，除非法院直接引用投资者适当性规则。但从过往的案例看，支持投资者的判例少之又少。

（4）规则不统一，相关主体无所适从。

如前所述，在我国，因金融领域的分业监管，不同领域有不同的投资者适当性规则，甚至即使都归同一监管部门监管，但因金融机构的类别不同，投资者适当性规则也不尽相同。这种不统一，会给投资者、金融机构都带来困惑。首先，对于投资者而言，无论和银行、信托、证券、基金等不同类型金融机构中的哪一类发生关系，其本人没有发生改变，只是业务对方换了主体。这并不改变投资者的财务实力、投资偏好、投资规划、风险认知水平等涉及投资者风险承受能力的相关因素，但不同的主体在所谓"了解客户"时关心的问题不同，对同一投资者评定的风险承受能力等级就会不同。其次，对于金融机构而言，虽然是分业经营，但可以代销其他金融机构的产品，不同产品的监管主体对购买不同产品的同一个投资者，要求了解的内容不一样，这容易给投资者和金融机构带来额外的重复工作,也可能造成同一投资者在同一金融机构,因适用不同的投资者适当性规则,其风险承受能力评估结果并不相同。最后,规则并不统一,但都可以执行,造成规则的权威性不够。没有威严和权威性的规则,很难得到社会的真正遵守,加之自律规则和违法成本低,适当性制度得不到执行是必然。

2. 立法建议

任何一种立法模式的产生都有其相应的社会、经济、历史、文化甚至法律传统等背景。投资者适当性立法模式也是如此。通常情况下,只能说某种立法模式是否适合该国家或地区,而没有绝对的好与不好。如前所述,在我国,因为金融业的分业经营、主体而非功能监管,导致投资者适当性并无统一的规定,目前我国投资者适当性立法模式并不适合我国的经济与金融发展,迫切需要统一的投资者适当性法规。笔者认为,现阶段我国制定统一的投资者适当性法规,应当从以下几个方面加以完善。

(1) 制定统一的法律。

投资者适当性起源于美国,以自律规则为主,但并不是我国也要以自律规则为主,我国应当制定一部统一的法律。首先,从法系的传统而言,我国属于大陆法系,以制定成文法为主要法律渊源,不适宜以自律规则为基础,自律规则只能是补充,可以系统性借鉴或移植发达国家成熟投资者适当性法律规范。其次,我国公众的法律意识不强,仅靠自律,会削弱规则的适用效果。再次,以制定法为基础,更容易形成系统化的适当性规则体系,可以帮助市场主体更好地理解和运用投资者适当性制度。最后,与自律规则相比,统一的法律、行政法规和部门规章更具有权威性,对金融机构的威慑力更强,执行的可能性提升,有利于保护投资者和金融市场的稳定发展。

如何制定一部统一的法律规则? 笔者认为,最优选择是上升到法律层面,即国家出台一部统一的投资者适当性法。如果认为因监管和经营都是分业,制定一部统一的法律不合适,则最起码需要人民银行牵头,联合其他金融监管机构出具一部投资者适当性行政法规。唯有上升到法规层面,不同领域的投资者适当性基本规则才会统一,不至于金融机构无所适从。

（2）授权自律组织。

金融创新越来越专业,对参与主体的专业性要求也越来越高,但随着理财意识的提升、财富的增长,广大老百姓的理财需求日益高涨,金融科技的发展,金融服务触达人群也变得更迅捷。这造成了一定的矛盾,即金融产品不理解和金融产品易获得并存。这更加需要突出投资者保护工作,发挥行业自律组织的专业特长。所以,新的投资者适当性法规,应当重视自律组织的专家特长和沟通桥梁之作用,授权自律组织,部分履行行政机构职责。

首先,授权自律组织制定投资者适当性实施细则。在遵守制定法要求的原则和规则下,自律组织可结合各自领域的特点,出台相关领域的实施细则。需要强调的是,各自的特点,主要是针对产品的特点,如产品结构、风险来源等不同,明确信息披露需要展示的内容以及产品风险等级的划分,而不是投资者风险承受能力的区别。笔者一直坚持,同一投资者在不同金融机构的风险承受能力是相同的。

其次,授权自律组织监督金融机构履行投资者适当性义务。金融机构履行投资者适当性义务,是整个投资者适当性的关键,只有金融机构履行了义务,投资者保护的目的才能达到。授权自律组织监督检查,优势显而易见:自律组织的专业性决定其不会被金融机构忽悠;自律组织的非官方性及亲和力,容易被金融机构接受,从检查、被监督的对立关系转变为合作关系,更有利于实际问题的交流,发现的问题在规则的修改、完善中得以反映，形成良性循环。

最后，授权自律组织牵头投资者教育。金融越创新、复杂，就越需要加强投资者教育。和金融机构进行投资者教育相比，自律组织和投资者没有明显的利益冲突，以第三方的角度出现，公平性更有保障，投资者也更容易接受。

（3）确立投资者保护核心。

投资者适当性是为了保护投资者，那么，在金融机构了解客户时，按理，投资者应当很乐意回答问题予以配合，但为何在实际中，大家都感觉是在走过场，是为了应付监管？这是因为当前在我国，投资者适当性是投资者管理制度，而不是投资者保护制度，只增加了投资者的义务。所以，当务之急，就是投资者适当性制度的定位要清晰，即投资者适当性是为了保护投资者的制度。

有研究指出，"随着投资者适当性原则在各国的发展，投资者适当性原则已经从规范之初的行政监管或者自律性管理需要，发展成为了包含较为丰富权利义务内容的成熟投资者利益保护制度，其内容中不仅包括券商客户管理制度，还包括如何平衡投资者和券商在证券买卖以及证券推荐业务中双方的权利义务关系、对证券公司和投资者适当性制度的纠纷解决机制"。[1]可以说，投资者保护已经成为各国投资者适当性制度建设的出发点和最终归宿。因此我国也不能例外，也要将投资者保护作为投资者适当性制度的主旨。首先，投资者适当性制度是围绕投资者权益保护而展开，突出投资者保护的重要性，根本上就是为了更好地保护投资者的合法权益，如果一个制度的主旨不存在，则该制度也就没有存在的必要性。其次，有利于改变当前不正确的观点，正本清源。在大家的眼中，

---

① 参见武俊桥：《证券市场投资者适当性原则初探》，《证券法苑》2010年第3卷。

当前的投资者适当性是投资者管理制度,或者是投资机构管理制度,和投资者保护不相关,投资者也不关心。这种观点和认识,也会进一步恶化投资者适当性的运行环境和运行效果,得不到利益相关主体的关心和重视,投资者适当性只会是摆设。再次,有利于资金与资产的精准匹配。突出投资者保护,就要求金融机构在销售金融产品和提供金融服务时,增强自我约束意识,充分了解客户、了解产品,以合适的方式,将合适的产品推荐、销售给合适的人,最终实现资金与资产的精准匹配。最后,突出投资者保护,有利于监管效率的提高。当前,金融机构了解客户主要是监管的需要,并不实际产生作用,监管监督也发挥不出保护投资者的功效。将投资者保护放在首位,金融机构就会充分正视自己的行为是否真正起到了保护投资者的效果,监管机构重点检查金融机构是否履行了适当性义务,提高监管效率。

（4）明确可以进行诉讼。

综观我国投资者与金融机构就投资损失纠纷的案件,我们发现,除了少数法官引用监管部门的部门规章判决金融机构承担责任外,大部分案件都是按照合同自由的原则,判决投资者买者自负。中国不是判例法国家,不适用遵循先例的原则,少数投资者胜诉的案件,并不能改变投资者适当性不可诉的现状。这一现象的出现,主要是相关投资者适当性规则只约定了金融机构对监管部门的行政责任,即金融机构没有履行投资者适当性,监管机构可以进行行政处罚,但给投资者造成损失是否要承担赔偿责任,相关规则只字不提（当然,目前有了改善,《证券期货投资者适当性管理办法》明确了金融机构的法律责任）。要改变这一现象,必须在投资者适当性规则中明确,金融机构不履行投资者适当性义务时,赋予投资者依据投资者适当性规则进行权利救济。金融机构违反投资者适当性并给投资者造成损失的,金融机构须承担民事法律责任。如此约定,一是给予了投资者诉讼请求权依据,二是法院可以依据投资者适当规则进行判案。

　　明确可诉性,优点明显。首先,强化了法律责任,确保适当性义务落到实处。民事责任和行政处罚共同确保经营机构自觉落实适当性义务,可以避免投资者适当性规则成为无约束力的"豆腐立法"和"没有牙齿的立法"。其次,有利于纠纷的解决。投资者与金融机构发生纠纷时,往往会投诉、上访,偶尔还有极端事件。一方面是人们长期"依靠"政府惯性思维使然,但同时表明投资者适当性的可诉性缺失也不容忽视。法院作为维护社会稳定和长治久安的稳定器,在投资者适当性纠纷中也需要发挥其应有的作用。最后,有利于投资者适当性规则的完善和金融机构履行义务。在我国,如果相关案件的判决中因为金融机构的疏忽造成了不必要的损失,法院会给金融机构出具司法建议书。法院对金融机构的司法建议书主要分为两类,一是指出行为的不当性,二是指出制度的缺失。在投资者适当性纠纷中,如果金融机构没有正确履行适当性义务而对投资者造成损失,或者是相关制度不够完善,法院将会在司法建议书中提出建议。一般而言,只要按照建设书的意见改正,损失就不会出现,这对于投资者适当性制度的完善和金融机构履行义务,大有裨益。

6.2　了解你的客户

　　了解你的客户(know your customers,KYC),是经营机构履行投资者适当性的基础。只有了解客户,对客户精准画像,才能提供适配意见,才能与客户投资目标相一致。因此,要做好投资者适当性管理,必须先对客户有清晰的了解。对每个客户是否需要同样的了解? 金融机构对每个客户是否需要适用同样的适当性规范？从平衡效率和公平而言，首先需要从投资者分类制度入手，对于不同层级的投资者设置不同的适当性规范，以实现在对投资者进行分类保护的同时，追求金融机构和投资者利益最大化。

6.2.1　投资者分类

1. 投资者分类制度的目的和功能

（1）保护投资者合法权益。

投资者适当性制度目的是为了保护投资者，要求金融机构履行一定的义务，来约束金融机构的劝导、推荐、销售等行为，确保将合适的产品销售给合适的投资者。根据投资者适当性要求，金融机构首先需要了解客户的信息，并根据客户的信息对客户的风险承受能力进行评估和分类，在产品评级的基础上，针对不同投资者类型提供合适的投资产品和服务。投资者分类制度要求金融机构针对不同类型投资者，提供不同金融产品和服务，进而达到投资者利益免受损害的效果。

（2）平衡投资者与金融机构的利益。

和金融机构相比，投资者特别是普通投资者永远处于弱者的地位。投资者与金融机构在信息占有、专业知识、经济能力等方面存在很大悬殊。金融机构销售目标导向，决定了金融机构及其员工在推荐、销售时不会主动考虑客户的风险承受能力，更有甚者，该提示的风险不提示，该披露的信息不披露。两个地位不平等主体的交易行为是无法实现实质公平的，更无法实现两者利益分配平衡。对投资者进行合理分类，其目的就是平衡投资者和金融机构间的利益，要求金融机构根据投资者不同类型履行不同的适当性义务。同时，法律也给予不同投资者区别的权利义务，以实现利益平衡。比如,根据我国证券市场投资者适当性制度规定,在纠纷发生时,专业投资者适用"谁主张、谁举证"的证据原则;而普通投资者适用"举证责任倒置"的证据规则。

(3) 提高交易效率。

不追求效率而一味追求公平,则金融得不到发展。提高交易效率的手段之一是把某些投资者排除在某些产品外,设置准入门槛。设置的前提是什么? 前提就是客户分类,只有把客户有效分类,加之金融机构了解投资产品具体信息,经过适配规则,就可以将达不到标准的客户排除在外。合格投资者制度就是客户分类在提高交易效率方面的典型体现。就投资者适当性而言,将某些客户排除在某些产品之外,其实就是金融机构对不同的投资者履行了不同的适当性义务。

2. 投资者分类因素

成熟市场投资者类型数量和内容大同小异,分类考察因素基本一致,主要包括以下几方面。

(1) 投资者属性。

投资者分类标准中所指的属性包括自然属性和身份属性两方面:作为民事主体分类中自然人和法人的延续,多数国家或地区首先将投资者区分为个人投资者和机构投资者,这是他们自然属性的必然区分。由于两种投资者的组织形式、投资行为形式和内容都不一样,国家会偏向于对处于弱势的自然人投资者予以更多保护。

投资具有专业性和风险性特征,那些从事与投资有关的专业人士基于身份属性可成为专业投资者中的一种。专业人士有两类:一是机构型专业人士如银行、证券商、保险公司、投资公司、基金管理公司等的专业人士;二是个人型专业人士如证券发行公司董事、执行官或合伙人,基金经理,在相应专业工作岗位有一定年份的客户等。

（2）投资者财务状况。

投资者的财务状况是确定投资者风险承受能力的重要依据,是在设定投资者类型时考虑的核心标准。衡量机构财务状况的参数主要有注册资本、总资产、年销售额、金融资产等;衡量个人投资者经济实力的参数主要是金融资产、个人年收入或者家庭年收入等。

（3）投资者知识与经验。

投资知识和投资经验也是投资者分类考量的标准之一。尤其是在作专业投资者和普通投资者区分时,投资知识和经验是重要依据。《证券期货投资者适当性管理办法》第7条在规定自然人专业投资者时的标准之一是:"具有2年以上证券、基金、期货、黄金、外汇等投资经历,或者具有2年以上金融产品设计、投资、风险管理及相关工作经历,或者属于本条第(一)项规定的专业投资者的高级管理人员、取得职业资格认证的从事金融相关业务的注册会计师和律师。"

3. 我国投资者分类

在我国,投资者分类有很多种。比如《证券期货投资者适当性管理办法》,将投资者分为普通投资者与专业投资者。《关于规范金融机构资产管理业务的指导意见》将资管产品的投资者分为不特定社会公众和合格投资者两大类。

一般而言,区分普通投资者和专业投资者,是从制度上安排,为了更好地保护普通投资者,而要求金融机构履行特别的、区别于专业投资者义务的特定义务,即加重金融机构责任。我们可以得出这样的结论,即对于普通投资者,制度更侧重公平的实现,对于专业投资者,制度更追求高效率。

定义合格投资者,一般也会重点考虑投资者的财务实力、投资经验和知识。但考虑的重点,是为了给某些产品准入和起投金额设定限制,在对合格投资者的保护上,如果合格投资者是普通投资者,实行普通投资者的保护程序；如果合格投资者是专业投资者，则实行专业投资者的保护程序。

总之，"普通投资者/专业投资者"与"合格投资者/不特定社会公众"是从两个维度对投资者进行划分："普通投资者/专业投资者"的划分注重投资者的投资经验及专业性差异，而"合格投资者/不特定社会公众"的划分注重投资者的财力状况及由此引发的抗风险能力的不同。两者分类维度的不同将造成对同一投资者认定可能有所交叉，且两类认定结果不存在必然联系。比如一个投资者是普通投资者，他可能是合格投资者，也可能是不特定社会公众；一个投资者是合格投资者，他并不一定必然是专业投资者等。合格投资者既可能是普通投资者，也可能是专业投资者。（国内投资者分类详见表 6.1。）

表 6.1　国内投资者划分

维度一：

	普通投资者	专 业 投 资 者
定义出处	证监会《证券期货投资者适当性管理办法》	
划分逻辑	根据投资者的投资经验、专业程度，决定金融机构对其履行的保护力度。	
标　准	专业投资者之外的投资者为普通投资者	（一）经有关金融监管部门批准设立的金融机构，包括证券公司、期货公司、基金管理公司及其子公司、商业银行、保险公司、信托公司、财务公司等；经行业协会备案或者登记的证券公司子公司、期货公司子公司、私募基金管理人 （二）上述机构面向投资者发行的理财产品，包括但不限于证券公司资产管理产品、基金管理公司及其子公司产品、期货公司资产管理产品、银行理财产品、保险产品、信托产品、经行业协会备案的私募基金 （三）社会保障基金、企业年金等养老基金，慈善基金等社会公益基金，合格境外机构投资者(QFII)、人民币合格境外机构投资者(RQFII) （四）同时符合下列条件的法人或者其他组织： 　1. 最近 1 年末净资产不低于 2 000 万元； 　2. 最近 1 年末金融资产不低于 1 000 万元； 　3. 具有 2 年以上证券、基金、期货、黄金、外汇等投资经历

	普通投资者	专 业 投 资 者
标　准	专业投资者之外的投资者为普通投资者	（五）同时符合下列条件的自然人： 　1. 金融资产不低于 500 万元，或者最近 3 个人年均收入不低于 50 万元； 　2. 具有 2 年以上证券、基金、期货、黄金、外汇等投资经历，或者具有 2 年以上金融产品设计、投资、风险管理及相关工作经历，或者属于本条第（一）项规定的专业投资者的高级管理人员、获得职业资格认证的从事金融相关业务的注册会计师和律师
特别对待	● 普通投资者在信息告知、风险警示、适当性匹配等方面享有特别保护 ● 经营机构应当按照有效维护投资者合法权益的要求，确定普通投资者的风险承受能力，对其进行细化分类和管理	无明确

维度二：

	合 格 投 资 者	不特定社会公众
定义出处	"一行两会"《关于规范金融机构资产管理业务的指导意见》 证监会《私募投资基金监督管理暂行办法》	
划分逻辑	主要根据投资者财力情况进行划分，实现产品购买的准入资格管理，只有合格投资者方可购买私募类资管产品，不特定社会公众仅可购买公募类产品	
标　准	《关于规范金融机构资产管理业务的指导意见》 合格投资者是指具备相应风险识别能力和风险承担能力，投资于单只资产管理产品不低于一定金额且符合下列条件的自然人和法人或者其他组织： (1) 具有 2 年以上投资经历，且满足以下条件之一：家庭金融净资产不低于 300 万元，家庭金融资产不低于 500 万元，或者近 3 年本人年均收入不低于 40 万元； (2) 最近 1 年末净资产不低于 1 000 万元的法人单位； (3) 金融管理部门视为合格投资者的其他情形。 合格投资者投资于单只固定收益类产品的金额不低于 30 万元，投资于单只混合类产品的金额不低于 40 万元，投资于单只权益类产品、单只商品及金融衍生品类产品的金额不低于 100 万元	合格投资者之外的投资者为不特定社会公众

	合 格 投 资 者	不特定社会公众
标 准	**《私募投资基金监督管理暂行办法》** 私募基金的合格投资者是指具备相应风险识别能力和风险承担能力,投资于单只私募基金的金额不低于 100 万元且符合下列相关标准的单位和个人: (一) 净资产不低于 1 000 万元的单位; (二) 金融资产不低于 300 万元或者最近三年个人年均 　　　收入不低于 50 万元的个人。 前款所称金融资产包括银行存款、股票、债券、基金份额、资产管理计划、银行理财产品、信托计划、保险产品、期货权益等	
权 利	可购买公、私募所有资管产品	仅可购买公募类资管产品

对合格投资者与非合格投资者进行区分,是为了建立私募产品的准入门槛,即只有合格投资者才能购买私募产品。在此基础上,区分普通投资者与专业投资者,则是根据投资者的专业知识和投资经验对投资者进行进一步划分,使其在购买私募产品时,能够根据产品的复杂程度进行匹配。笔者认为,为了更好地贯彻将合适的产品卖给合适投资人,对投资者进行分类时需要进一步考虑投资者的风险偏好,完善投资者风险承受能力评估体系。

6.2.2　客户画像

了解客户,精准画像,需要多维度、多手段。

1. 客户画像维度

一般而言,在对客户画像时,需要关注如下方面:

(1) 客户基本信息。

了解客户的基本信息是对客户画像的最低要求。基本信息主要包括自然人的姓名、住址、职业、年龄、联系方式;法人或者其他组织的名称、注册地址、办公地址、性质、资质及经营范围等基本信息。了解基本信息,既是反洗钱的基础,也是日常服务客户的必要手段。此外,年龄因素也会影响到销售过程中产品适当性的变化,这一点在人口老龄化的国家显得格外突出。老年人风险承担能力低,因此美国金融监管协会要求会员在履行适当性职责时,要考虑年龄和生活阶段。

(2)客户财务实力。

投资者的财务状况是确定投资者风险承受能力和自我保护能力的重要依据,是金融机构对客户精准营销的必要基础,是客户和金融机构共同努力确保客户资金保值增值的前提。了解客户财务实力,需重点关注客户的收入来源和数额、资产、债务等财务状况。

(3)知识和经验。

投资者和投资相关的学习、工作经历及投资经验,影响者投资者分类、金融机构产品推荐、投资者教育、监管标准等。研究表明,基础金融知识对投资者权利能力没有显著影响,更专业的金融知识的提高能够显著增强低收入投资者的权利能力,但对高收入投资者的权利能力并没有显著影响,这可能是因为高收入投资者有效的社会性学习的替代作用;丰富的投资经验能显著提高各收入阶层投资者的权利能力。此外,投资者的受教育水平越高,其权利能力也就越强。研究结果表明,专业金融知识的缺乏与投资经验的欠缺是制约我国中小投资者权利能力的重要因素,因此监管部门应进一步普及金融知识,特别是专业金融知识,加强对投资者特别是低收入群体的教育。

(4)投资目标。

了解投资者的投资目标,是金融机构为客户合理配置资产、履行适当性义务的基础。投资目标主要包括投资期限、品种、期望收益等。通过了解投资者的投资目的,金融机构在对客户进行投资建议和资产管理服务的时候,可以向客户推荐更适合的投资种类。投资者投资目的各有不同,有的是为了保障本金,有的是为了资本升值。不同的投资目的会直接影响投资者对投资项目的风险选择和资金变现时间。了解投资者投资目的是适当性制度中"了解客户"规则的一项重要内容。

(5) 风险偏好。

了解客户的风险偏好,包括客户可承受的损失,也是为投资者配置资产、履行适当性义务的基础。风险偏好,是指个体承担风险的基本态度,是个人感知决策情景及制定风险决策的重要前导因素。风险是一种不确定性,投资实体面对这种不确定性所表现出的态度、倾向便是其风险偏好的具体体现。不同的行为者对风险的态度是存在差异的,一部分人可能喜欢大得大失的刺激,另一部分人则可能更愿意"求稳"。根据投资体对风险的偏好可将其分为风险回避者、风险追求者和风险中立者。

2. 客户画像手段

(1) 传统手段。

传统客户画像,依赖客户经理与投资者的熟悉程度及客户主动资料提供,主要是问卷回答方式。问卷方式简单且客户自主,是其优势。但是,问卷的缺陷显而易见,即不能动态反映客户的变化以及客户会故意隐瞒。由于传统手段受制于成本,金融机构不可能对客户提供的资料一一验证,因此问卷的真实性有限。中国平安集团百万样本测试,发现仅靠传统问卷得出的结果对投资者风险承受能力的误判率达到60%以上,有明显的局限性。

(2) 新技术。

只有借助大数据技术,并经过各种模式的不断打磨优化,才能真正了解客户需求和其风险承受的能力。应该本着"将合适的产品卖给合适的投资者"的风控理念,力求通过大数据综合运用、机器学习以及金融工程等方法,建立完整的投资者适当性管理体系。对此,应当借助新技术,从主观和客观两个维度,精准描绘客户画像,对客户风险承受能力形成更可靠、准确的判断。客观实力,主要考量投资者基本信息、资产信息、投资行为、消费行为等,并通过大数据、机器学习等新技术,更为精准地评估投资者的客观实力;主观风险偏好,主要考量投资者的投资规划、投资经验、风险认知水平、风险敏感度等,可以利用问卷与大数据结合的方式,更多地结合心理分析对投资者主观风险偏好进行评估。综合客观实力和主观风险偏好两个维度的得分,获得投资者最终的风险承受能力等级。这一风险承受能力等级仍需要资管机构动态的维护,应随着投资者财力和主观偏好的变化而定期检视。

6.2.3 投资者风险承受能力评估

在投资者风险承受能力评估上,中国平安集团在陆金所平台进行了探索和创新。陆金所结合大数据、机器学习、AI 等新技术,开创性地对客户进行风险承受能力评估。

准确评估投资者风险承受能力,是投资者适当性管理的关键。传统金融机构在进行投资者适当性管理工作时,主要以客户财产多少来衡量风险承受能力,较少全面考虑客户风险认知水平和主观风险偏好。这样的后果是,将众多财务实力一般、但风险认知水平高且愿意承担一定风险的普通投资者挡在服务之外,造成金融压抑,普惠金融更是奢谈。通过不断探索,结合大数据、机器学习等新技术,陆金所的评估方法从投资者客观实力和主观风险偏好两个维度评估投资者风险承受能力。

客观实力,主要考查投资者基本信息、资产信息、投资行为、消费行为等。主观风险偏好,主要考查投资者投资规划、投资经验、风险认知水平、风险敏感度等因素。具体框架见图 6.1。

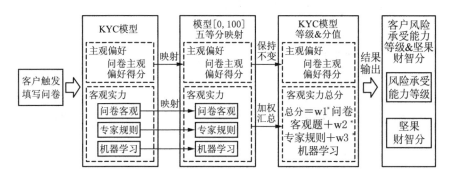

图 6.1　风险测评系统架构

1. 投资者客观实力测算

在进行投资者风险承受能力测评时,对投资者客观实力部分(例如年收入、可投资金额等)的评估,目前传统的普遍做法均依赖其自行填写。数据缺乏客观验证,局限性明显。随着云计算等新技术的发展,海量数据的记录及运用变得可能。陆金所作为互联网金融企业,尝试利用平台累积的数据以及其他关联大数据,通过机器学习等方式,建立投资者客观实力评估模型,通过模型对投资者的客观实力进行打分,更为精准地评估投资者的客观实力。

(1) 客观实力问卷分。

基于客户回答风险承受能力评估问卷客观题计算得出。

(2) 专家规则模型。

专家规则模型则是将有助于反映投资者客观实力的特征变量均纳入评分系统中,并对所有特征变量进行维度分组,相同维度的特征变量合成一组,使得相近特征变量拥有相同的权重分数。

特征变量主要分成四大类：基本信息、资产信息、投资行为及消费行为。在模型中，需要对每一种类别的行为进行数据标准化处理，进而将每个客户的特征变量值进行标准化处理。具体逻辑见图6.2。

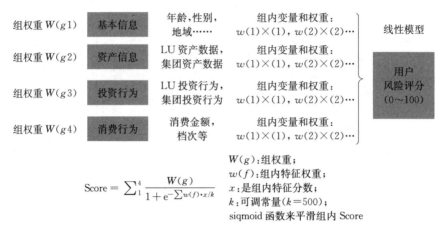

$$\text{Score} = \sum_1^4 \frac{W(g)}{1 + e^{-\sum w(f) \cdot x/k}}$$

$W(g)$：组权重；
$w(f)$：组内特征权重；
x：是组内特征分数；
k：可调常量（$k = 500$）；
siqmoid函数来平滑组内Score

图6.2　专家规则计算逻辑

（3）机器学习模型。

建模步骤：

（a）数据处理：将连续变量、离散变量、缺失变量进行分类处理；

（b）正负样本定义：自定义客户1、0的客观实力模型样本，其中1代表客观实力强，0代表客观实力弱；

（c）建立模型：通过机器学习模型（逻辑回归）来建立模型；利用式(1)来计算模型参数θ：

$$Z = \theta_0 x_0 + \theta_1 x_1 + \theta_2 x_2 + \cdots + \theta_n x_n$$

$$g(Z) = \frac{1}{1 + e^{-Z}}$$

$$p(y = 1 \mid x; \theta) = \sigma(\theta^T x) = \frac{1}{1 + \exp(-\theta^T x)} \tag{1}$$

通过损失函数(2),找到一组最优的θ,使得式(2)的函数值最小:

$$loglos = -\frac{1}{N}\sum_{i=1}^{N}\big[y_i \log(p_i) + (1-y_i)\log(1-p_i)\big] \qquad (2)$$

(d) 模型输出:根据平台存量客户的数据分布,将模型输出的介于0—1之间的概率划分成 5 档;从而,得到客户相应的 1—5 财务实力评级。

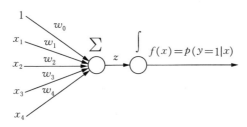

图 6.3　机器学习模型输出

(4) 客观财务实力总分。

总分 $=W1 \cdot$ 问卷客观 $+W2 \cdot$ 专家规则 $+W3 \cdot$ 机器模型

当模型中客户指标值填充率≥阈值 1 时:使用组 1 权重($W1$,$W2$,$W3$);

当模型中客户指标值填充率在[阈值 2,阈值 1)区间时:使用组 2 权重($W1$,$W2$,$W3$);

当模型中客户指标值填充率<阈值 2 时:使用组 3 权重($W1$,$W2$,$W3$)。

2. 投资者主观风险偏好评估

问卷方式在评估投资者风险承受能力时仍能发挥重要作用,但问卷方向需要调整。陆金所问卷不再重点关注投资者的资产、收入等反映财务实力的信息,而主要考查投资者投资规划、投资经验、风险认知水平、风险敏感度等风险偏好方面的要素,同时结合心理分析题,多维度准确考量投资者主观风险偏好。

在使用问卷模型的同时,也通过机器学习、AI等新技术,测评投资者主观风险偏好,问卷模型和机器学习模型分值二者结合后,得出投资者主观风险偏好所在区域。

3. 量化投资者风险承受能力

投资者在陆金所平台填写风险承受能力测评问卷时,以大数据、机器学习等技术为基础的后台系统同时调用、分析投资者的各种大数据,并结合投资者问卷填写结果,综合客观财务实力和主观风险偏好两个维度的得分,获得投资者最终的风险承受能力等级。为使投资者能更直观地了解风险承受能力,系统在输出客户风险承受能力等级的同时,还进行了量化,输出"坚果财智分"(见图6.4)。

客观实力 风险偏好	弱	较弱	中等	较强	强
弱	保守型 300—346	保守型 320—366	保守型 340—386	稳健型 400—440	平衡型 520—550
较弱	保守型 326—373	稳健型 406—445	稳健型 417—457	平衡型 537—602	平衡型 544—608
中等	保守型 353—399	稳健型 434—474	平衡型 589—653	平衡型 595—660	成长型 660—713
较强	稳健型 451—491	平衡型 580—620	成长型 668—721	成长型 683—736	成长型 698—751
强	稳健型 479—519	平衡型 600—640	成长型 706—759	进取型 760—790	进取型 770—800

图6.4 风险承受能力等级及"坚果财智"分分布图

传统上,对客户风险承受能力测评,以客户回答问卷的方式进行,综合客户各个方面的因素得出的一个总分,是一维的得分。陆金所进行了创新探索,除了测评手段运用了大数据、机器学习、AI等新技术外,还将评估从一维转变为二维,即把客户的客观财务实力和主观风险偏好各分为五个档次,构成如图6.4所示的客户风险承受能力25宫格。根据客户的主观风险偏好、客观财务实力两个维度得分定位其在25宫格中的位置,并最终判定其风险承受能力等级。和常规做法比,矩阵式评估对客户的测评更加精细化。按传统方式,如果两个客户在回答问卷时,每道题目得分不完全一致,但问卷总得分相同,则这两个客户的风险承受能力等级一致,客户的真实差别没有体现。按照25宫格,根据客户所在宫格位置,能清晰地看到不同客户的客观实力和主观风险偏好的差别。以两个稳健型客户为例,传统问卷方式下,他们得分相同。在25宫格中,所处区间则可能相同,也可能不相同——一个客观实力强、主观风险偏好弱,另一个客观实力弱、主观风险偏好强,两者的差别在25宫格中一目了然。

　　4.陆金所投资者风险承受能力测评方法优点

　　一是评估结果更加客观、精细化。传统单纯调查问卷评估结果容易受到投资者主观意愿影响,如果投资者没有如实填写问卷,评估结果将难以反映实际情况。同时,常规的问卷测评是一个一维的得分,并不能精细化地区分客户的细部特征。在陆金所KYC2.0系统中,一方面使用优化后的问卷重点测评用户主观风险偏好,另一方面利用大数据技术评估客户真实客观实力。在综合客户主观风险偏好和客观实力后,从两个大维度给予客户所处25宫格位置的"坚果财智分"。

　　二是动态反映客户风险承受能力的变化。利用机器学习,对客户"坚果财智分"进行实时动态调整以反映客户风险承受能力的变化。陆金所KYC2.0系统会根据客户不断积累的投资行为等数据对指标及参数进行自动调整,从而更准确反映客户风险承受能力。而且,该系统能够根据客户投资经验的累积、投资知识的学习等动态更新测评结果。值得一提的是,陆金所KYC2.0系统不仅有客户风险承受能力提升机制,还有相应的减分机制。例如,对于70岁以上高龄投资人,随着年龄增加,KYC2.0系统会对其主观偏好得分进行相应调减,从而更好地保护投资者。

三是服务智能化,有效对客户进行差异化的产品推荐或资产配置。KYC2.0系统不但会严格执行匹配规则,限制投资者购买不匹配的产品,还能为客户分析现有资产配置比例,根据客户风险测评结果为其提供投资组合建议,供投资者参考。还是以稳健型客户为例。传统方式下,两个稳健型客户,按照匹配规则,产品的风险等级、起投金额等完全相同。但通过创新25宫格矩阵,对客观实力弱、主观偏好强的稳健型客户适合推荐起投金额低、风险相对较高的产品;而对客观实力强、主观偏好弱的稳健型客户适合推荐起投金额高、风险相对低的产品。在资产配置上,也可以根据每个宫格的客户特征,匹配不同的资产配置比例。同时,在25宫格的基础上,还可以结合客户生命阶段、期限偏好等,再进行更多维度的组合,更精细化地匹配客户投资理财需求。

因评估结果与投资者可投资的产品息息相关,为了防止投资者为了买到收益高但风险较大的产品而进行不断测试,系统设定同一投资人在一年中仅能进行三次风险承受能力测评,从而降低了投资者购买超出自身真实风险承受能力的金融产品的可能性。

与大多数金融机构类似,在该系统开发成功之前,陆金所也主要依赖问卷调查方式对投资者进行风险承受能力评估。而通过此次系统开发阶段百万样本的测试比较,发现仅靠传统问卷得出的结果对投资者风险承受能力的误判率达到60%以上。

陆金所曾对客观财务实力最强的M5客户进行过对比分析(M代表投资者客观实力,由弱到强划分五等,分别用M1—M5表示),通过单一问卷调查得出的M5投资者,再通过大数据模型的方式进行校验后,结果仅剩17.8%的人群仍能保留在M5,剩余的82.2%的人群则滑落至M1—M4的区间。可见,很多不是那么有钱的调查者故意夸大自己财务实力。而另一个有趣的现象是,对平台VIP(在陆金所历史最大AUM超过50万的客户)5万客户也进行过比对分析,发现很多有钱人在问卷调查中刻意隐瞒自己的财务实力,通过问卷有87%的调查人群落在了M1—M3的区间,而通过大数据模型的方式进行校验后发现,实际上有76%的人群应该归入M4、M5的区间(见表6.2、图6.5)。可见,运用大数据、机器学习等新技术更能贯彻落实监管层"投资者适当性管理"的要求,从而更好地保护投资者利益。

表6.2　问卷M5的客户的验证

问卷评估	大数据模型评估	人数占比 (%)	平台平均AUM (人民币元)
M5	M1	5.9	8 948
	M2	28.1	255 628
	M3	33.3	761 534
	M4	14.8	1 651 103
	M5	17.8	3 063 107

注:AUM指持有资产规模;M1—M5表示财务实力由低到高。

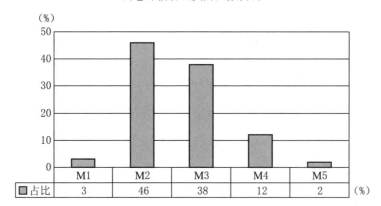

问卷评估客观实力人数占比

	M1	M2	M3	M4	M5	
◼占比	3	46	38	12	2	(%)

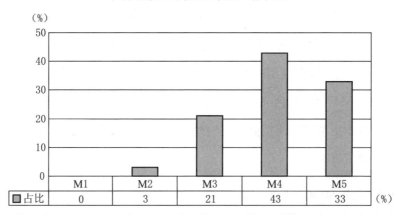

大数据模型评估客观实力人数占比

	M1	M2	M3	M4	M5	
◼占比	0	3	21	43	33	(%)

图 6.5　VIP 客户的验证

注：VIP 用户指在陆金所历史最大 AUM 超过 50 万的客户；M1—M5 表示财务
实力由低到高。

6.3　了解你的产品

"了解你的产品"（know your products，KYP），需要金融机构动态、全流程对产品进行评估,而不仅仅是传统上产品发行时风险部门对产品的评估。经营机构应当了解所销售产品或者所提供服务的信息,根据风险特征和程度,对销售的产品或者提供的服务划分风险等级。

6.3.1　产品评估因素

1. 主要因素

评估产品,需要对影响产品安全等级的风险因素综合考量,主要包括:流动性;到期时限;杠杆情况;结构复杂性;投资单位产品或者相关服务的最低金额;投资方向和投资范围;募集方式;发行人等相关主体的信用状况;同类产品或者服务过往业绩。

2. 特别因素

涉及投资组合的产品或者服务,应当按照产品或者服务整体风险等级进行评估;

存在本金损失的可能性,因杠杆交易等因素容易导致本金大部分或者全部损失的产品或者服务;

产品或者服务的流动变现能力,因无公开交易市场、参与投资者少等因素导致难以在短期内以合理价格顺利变现的产品或者服务;

产品或者服务的可理解性,因结构复杂、不易估值等因素导致普通人难以理解其条款和特征的产品或者服务;

产品或者服务的募集方式,涉及面广、影响力大的公募产品或者相关服务;

产品或者服务的跨境因素,存在市场差异、适用境外法律等情形的跨境发行或者交易的产品或者服务;

其他高风险产品或者服务。

6.3.2 产品评估方法

金融机构需要以成熟、专业的方法对资产进行识别、筛选和风险等级评定,同时辅之以产品复杂程度评估,最终形成产品风险等级。除了继续发挥传统金融机构风险管控行之有效的办法外,还应与时俱进,同时充分利用以 AI 为代表的新技术。

我们可以将产品分为资本市场产品和非资本市场产品。两类产品评估方法的侧重点各有不同。资本市场产品风险评级,主要从机构维度和产品维度进行考量。机构维度,主要考察其内部治理、风险管控的优劣,以及其管理的资产规模、产品业绩等。产品维度,主要考察产品的投资范围、产品结构、产品策略、产品绩效、杠杆及增信等。

我们以非资本市场产品为例,详细描述如何对其进行评估。

具体而言,从风险政策、信用评级、风险监控、风险评价、风险管理信息系统等方面入手,实现对资产的识别、筛选和风险等级评定。

1. 风险政策

对所有交易对手、底层资产和产品类型都制定明晰的风险政策和准入标准,确保各项业务在风险制度框架内有序运行。

2. 以信用评级为手段,准入资产并进行风险等级评定

通过建立信用评级模型对交易对手及产品进行风险评级。信用评级结果除用于资产准入外,也可以在投后预警、信息披露、风险定价等方面发挥显著作用。

目前有越来越多复杂的产品销售给投资者,这有利于投资者,因为提供了更多的投资选择。然而,产品复杂度的提升会给投资者理解产品的风险收益特征以及不同情景下的期望收益带来困难。同时,产品特性也

会模糊投资者面对的投资风险,尤其可能带来本金损失的风险。因此,对资产作识别、筛选和风险评定后,为使投资者更清晰认知拟投资产品,需从产品结构层级数量、衍生品使用、估值模型公开度、收益结果数量等维度,对产品复杂程度进行评估。

(1) 结构层级数量:该因素是指决定产品收益的结构层次数量,例如,一个有结构的产品,它的收益会由至少两个不同的底层资产决定。产品结构越多,投资者理解产品风险收益特征就越困难。另一方面该因素是指在投资者和底层资产之间结构层次的数量。如股票和债券被认为是只有一层结构,因为投资者直接面对底层资产;基金产品,由于基金经理每日对底层资产进行控制,这一额外的结果增加了产品的复杂度,所以被认为具有两层结构。

(2) 衍生品使用:这是指产品中含有衍生品的使用,是因为产品本身是个衍生品(如期权、期货、互换),或产品包含衍生结构(如杠杆外汇交易)。至于衍生品的数量,是指衍生品的类型,而不是实际合同的数量。

(3) 估值模型公开度:是指考虑了估值模型和输入数据后,投资者是否可以容易对产品估值定价。主要有三类:公开可得,指产品有知名的估值模型且模型的输入数据容易获得,普通股和基金属于这一类;通用的,指产品估值并不依赖公开可得的模型,也不依赖专有模型,例如期权;专有的,指发行人使用专有的估值模型,例如结构化产品。

(4) 收益结果数量:产品的收益结果依赖不同的依情况而定的事件,如股票只有一种收益结果数量,期权有两种收益结果数量。

3. 投后预警监控

达成交易只是投资的第一步,利用大数据与机器学习建立风险预警模型,搭建以财务及非财务指标为核心的预警信号实时识别与自动监控系统,对所有在售资产进行动态检视,监控融资主体的还款能力、还款意愿及经营情况一旦发生异常及时预警。

目前相当数量的传统金融机构仍以人工方式进行预警信号的收集和风险的判断。这种方式不但难以在早期及时发现风险,而且存在人工操作风险。在平安集团的支持下,陆金所正在探索将大数据及机器学习等新技术运用于资产端的管理,通过多个数据库的实时连接和网络爬取,及时获得关注对象的舆情、诉讼、财务、招聘、行业等多个不同维度的信息。在设立有效的预警信号及阀值的前提下,由系统自动抓取数据、分析及预警,从而提高投后资产管理工作效率,并降低人工操作风险。比如传统金融机构可能会关注融资人高级管理层变动情况,但不会将企业招聘信息纳入预警考量。通过量化分析会发现,若企业频繁发布基层员工招聘信息,若非业务高速增长、大幅扩张,可能侧面说明企业员工流失严重、主营业务面临转型等风险,从而更早地识别企业风险。

预警监控系统应采用线下与线上结合的方式进行。除了线上外,线下仍需配备投后管理团队进行定期实地检查。根据线上与线下的综合结果对投资产品实时进行预警,必要的情况下调整评级,并动态向投资者披露。有效的投后监控体系能够保证在融资项目发生问题时,能早感知、早预警、早采取补救措施,做到不受或少受损失。而且,可将各项预警信号与事后违约结果进行关联度分析,在纷繁复杂的信号中找出与该行业违约事件强相关的指标,从而有效提高事前资产准入审批的决策精度。

4. 全流程风险管理系统支持

信息化、互联网化时代,金融机构尤其是互联网金融机构一旦出现风险,传播速度极快,影响范围广且力度大。故在产品创新过程中,需要强大的风险管理系统支持高效敏捷的风险监控,确保将风险管控贯穿于整个业务流程和产品生命周期。风险管理系统应当具备业务全覆盖、管控智能化、策略模型化功能。

　　5. 风险评价体系

　　风控在金融企业中不应仅是一个中后台的服务或者管理部门,而应作为业务的引领与核心。因此,风控触角应伸入前台,风控人员被内嵌至前台业务单元中,对前台销售人员的考核也需有风控指标。完备的风险评价体系能促使前台人员在开展业务时始终将风险摆在第一位。

6.4　投资者与产品适配

　　如果说"了解你的客户、了解你的产品"是投资者适当性的基础,那么投资者与产品适配就是投资者适当性的核心。了解客户和产品是手段,目的是为了保护投资者的利益,实现合适的投资者投资了合适的产品。因此,需要实现投资者与产品的精准匹配。国际清算银行、国际证监会组织、国际保险监管协会 2008 年联合发布的《金融产品和服务零售领域的客户适当性》指出,适当性就是"金融中介机构所提供的金融产品或服务与客户的财务状况、投资目标、风险承受水平、财务需求、知识和经验之间的契合程度"。如何衡量金融产品的风险及收益与投资者本身的知识和经验、风险承受水平等个人属性的契合度,并平衡金融机构的义务与投资者自身的责任,是一个难题。传统金融机构对投资者风险承受能力测评后,较少将风险承受能力等级与产品风险进行清晰的匹配,不同等级的投资人可以投资的产品区别不大。这既有刚性兑付的原因,也是手工操作的必然。在移动互联、智能化的当下,新技术的充分运用,可以通过智能化的适配系统,实现"三适当"。

6.4.1 智能化适配系统

为了保护投资者利益,确实做到"将合适的产品卖给合适的投资者",金融机构应当在资产风险识别及投资者风险承受能力精准分析的基础上,明确各等级风险承受能力投资者可投资的产品范围,并将匹配规则嵌入模型化、智能化的投资者与产品风险适配系统,结合智能投顾,自动实现资产和资金的精准匹配。一般而言,精准匹配,重点是匹配规则。匹配规则适当,才能在帮助投资者管控好风险的同时满足其投资需求。如何做到匹配规则适当,需要在基本规则上,利用大数据,动态分析并动态调整。

匹配基本规则应当包括:第一,风险承受能力高的投资者可以投资相对高风险产品;风险承受能力低的投资者只能投资相对低风险产品。第二,风险超配时应当拦截,并推荐、引导投资者购买与其风险承受能力相匹配的产品。第三,针对不同风险等级的产品,设定最低起投金额。第四,为了分散投资人投资风险,对某些高风险产品,设置单一投资人最高持有金额。第五,对高龄等特定投资人群实施特别的风险提示和投资行为确认程序。

除了在投资者主动购买时通过匹配规则进行精准匹配外,互联网财富管理平台还可以充分利用投资者画像结果,实现产品智能推荐。通过对投资者现有资产配置与建议资产配置的比较以及大数据分析,智能引导投资者进行合理的资产配置,购买与其风险承受能力匹配的产品,提升场景转化效率。

6.4.2 "三适当性"

通常,金融机构会将投资者风险承受能力由低到高分为 5 级,也会将投资产品按风险大小分为 5 级。是否在 5 级间进行匹配就实现了适当性呢？笔者认为显然是不充分的。要做到适当性，起码要满足"三适当"，即认知适当性、风险适当性、收益适当性。

1. 认知适当性——投资者的知识、经验与产品风险适配

每个投资者的知识和经验是不同的。金融机构需要判断投资者的知识和经验，以便做到认知能力适当性。对投资者知识、经验认定目的是为了判断其是否有能力理解交易的风险及自身所作的投资决定可能带来的后果。对投资者知识、经验与产品风险适配度的判断，属于主观判断，立法上不会规定统一的标准。在实践中，有些规律可供参考使用。比如，以投资者先前相同或类似的交易经历可作为其在之后的交易中具有投资经验的认定依据。

总之，对于投资者的知识、经验是否与产品风险适配，金融机构需要充分利用大数据及 AI 技术，全方位、动态了解投资者的知识经验，必要时主动进行投资者相关知识的教育，以期提高认知能力适当性。

2. 风险适当性——投资者风险承受能力与产品风险适配

投资者的风险承受能力应有别于对实际损失的承受能力，后者指因投资造成损失时对本人财务状况的影响，而前者还包括金融产品的风险是否超过投资者承担风险的意愿范围。投资者愿意承担风险的范围体现其投资风险偏好，若金融机构所售金融产品的风险层次高于投资者的风险偏好，则该销售行为不适当。相对于认知适当性，风险适当性的客观程度更高，可以确定明确的规则，只要执行了规则，就是适当的。首先，要明确产品风险等级评级规则；其次，要明确投资人风险承受能力测评规则；最后，要明确产品与投资人适配规则。在我国，主流金融机构都依据监管的原则要求对投资者风险承受能力和产品风险等级进行了评级，并确定了适配规则。比如，产品的风险等级是否与客户的风险承受能力匹配；产

品期限是否与投资人计划投资的产品期限匹配;产品类型是否与投资人计划投资的产品类型匹配;投资人投资单一产品集中度是否合适等等。而证券期货监管部门及行业协会,对此有更进一步的尝试,明确了评估的标准和评估结果的等级,应当说,是综合了国内外学术与实际,形成了比较成熟的评估方法和体系。当然,该评估方法和体系也存在不足,即没有考虑到大数据、AI等新技术的运用。

3. 收益适当性——投资者投资目标与产品风险适配

适当性要求中还包括金融机构所售之投资产品要符合投资者的投资目标、财务需求,即收益适当性。此处投资者的投资目标及财务需求并不仅仅指所有投资者期望购买金融产品获利的简单愿望,而是包括更具体的一些标准,比如收益率要求、流动性要求、投资回报期等。由收益适当性概念可以导出若金融机构所售的投资产品明显无法满足投资者,该产品对投资者而言即属不适当。比如投资者明确要求投资回报不低于6%,如果销售误导投资人投资结构性银行存款,该产品最高收益可能到6%,而最低收益只有2.9%,则当产品到期没有达到6%时,明显是收益适当性不符合。对收益适当性进行判断时也会涉及风险适当性,因对于投资产品而言,风险与收益两者永远无法分离。适当性的概念实际上反映出投资者接受风险之意愿、能力及投资者的投资目标,因此,在假设高收益必然具有高风险且低风险通常具低收益的前提下,风险及收益实际上是一体之两面。某金融产品是否能达到投资者预期的投资报酬率,也可视为风险的一种类型。因此,收益适当性与风险适当性是相辅相成的概念,两者在适当性判断时经常应结合在一起进行考虑。换言之,在对投资产品作判断时,也应同时结合检验投资者的投资组合的收益目标。

收益适当性所衍生的另一问题,即收益适当性和刚性兑付的关系。投资者是否可主张金融机构所售投资产品的收益率不符合其期待而要求金融机构赔偿其利益损失？投资金融产品皆有一定程度的风险性，如果金融机构履行了投资者适当性，则强迫金融机构对所失利益负责，既与金融投资的本质相违背，也是行刚性兑付实质，不符合"卖者尽责、买者自负"的原则。

4. "三适当性"的实现与金融科技的价值

要做到"三适当性"，依赖传统手段，成本巨大，无法实现普惠金融。普惠金融(inclusive finance)这一概念由联合国在2005年提出，是指以可负担的成本为有金融服务需求的社会各阶层和群体提供适当、有效的金融服务，小微企业、农民、城镇低收入人群等弱势群体是其重点服务对象。2017年7月的全国第五次金融工作会议上，李克强总理指出，要增强资本市场服务实体经济功能，积极有序发展股权融资，提高直接融资比重。党的十九大报告也提出"提高直接融资比重"的要求。普惠金融的本质和国家对资本市场融资的部署，都是围绕着拓宽普通民众的投资渠道，解决中小企业融资难、融资贵的难题，构建多层次资本市场等目的。

同时还应该注意的是，投资者适当性一定程度上使部分投资者丧失了公平的投资机会。投资者适当性的一个主要内容是"识别和确认投资者"，识别和确认的标准以"资本门槛和投资经验"为核心，而这个标准正是造成"小投资者歧视的根源所在"。准确地说，投资者适当性的不当运用，会对投资公平产生不良影响。在这种情形下，如果投资者适当性制度没有落实到位，无疑将阻碍资本流通的血液，资本无法输送到最迫切的行业和企业，制约我国整体金融市场的发展。

归根结底，如何实现"三适当性"，让投资者买到合适的产品，从而实现更好的风控、保护投资者权益，是整个金融行业面临的难题。要做到"三适当性"核心是如何获取正确的信息和获取怎样的信息，而信息对于具体的行业从业者来说就是浩如烟海的数据。就此来说，科技手段的运用尤为重要。这方面，平安陆金所在投资者适当性管理体系上的实践值得关注，其围绕产品服务评级（KYP）与投资者"精确画像"（KYC）两大方面，采用金融科技手段让产品评级更具参考价值，投资者评估更加精准，提升产品与投资者精准匹配效果。因此，"三适当性"和大数据收集、分析和处理之间的有机结合，很可能成为突破现行投资者适当性制度困境的重要切入点。金融科技的价值不仅是让投资理财更加便捷、效率更高、成本更低、流动性更好，更在于帮助广大普通投资者进行合理的投资理财，找到最适合投资者自己的方式，实现财富增值保值。

6.5 信息披露

充分的信息披露，是投资者做出投资决策的基础。美国证券法的制定和修改"有一个永恒的主题，即信息披露、披露、再披露"。这充分说明了信息披露的重要性。实质监管有其局限性，但"真实使你获得自由"。在进行产品销售时，完善而有效的信息披露能够大大降低投资者与投资产品风险错配的几率，缓释资管机构"不当销售"的风险；在产品存续期内，资管机构应尽到勤勉尽责的受托人义务。当资产信息发生重大变更，如融资人/增信方财务情况、经营情况恶化，投资标的出现风险事件等，及时对投资者进行公告，使投资者知悉并采取风险控制措施。实现存续期充分信息披露的前提是资管机构内部建立一套完善的投后风险预警监控体系，根据预警结果对投资产品实时调整评级，并动态向投资者披露。

6.5.1 现行信息披露制度的不足

除了证券市场外,信息披露在我国投资理财领域并没有得到应有的重视。主要体现在如下几个方面。

1. 立法层级较低

对于投资理财,除了《关于规范金融机构资产管理业务的指导意见》中对信息披露有规定外,并无统一的尤其是效力层次高的法律予以明确规定。

以银行理财产品为例。就目前的情况来说,对于理财产品信息披露的规定仅限于部门规章,甚至《中华人民共和国商业银行法》里根本就没提到理财产品。而部门规章"头痛医头、脚痛医脚"的情况比较明显。问题出现了,颁布一个规章予以规范,缺乏前瞻性与整体性。另外,不同部门规章之间也会出现互相矛盾的情况,给规范的适用造成了一定的混乱。而理财产品涉及的法律关系比较复杂,各种业务交叉,各方关系众多,而且随着新型理财产品尤其是互联网金融的兴起,其中出现的问题也会越来越复杂。部门规章缺乏相应的透明度,而且缺乏一种全局的概念,难以平衡各方的利益关系。此时,更需要有权威性、稳定性和普遍适用性的法律法规出台,对整个信息披露制度进行系统性的规范。

2. 规定不够完善

《关于规范金融机构资产管理业务的指导意见》第十二条规定,金融机构应当向投资者主动、真实、准确、完整、及时披露资产管理产品募集信息、资金投向、杠杆水平、收益分配、托管安排、投资者账户信息和主要投资风险。

公募产品,金融机构应当建立严格的公募产品信息披露管理制度,明确定期报告、临时报告、重大事项公告、投资风险披露要求以及具体内容、格式。在本机构官方网站或者通过投资者便于获取的方式,按照规定或者开放频率披露开放式产品净值,每周披露封闭式产品净值,定期披露其他重要信息。

私募产品的信息披露方式、内容、频率由产品合同约定,但金融机构应当至少每季度向投资者披露产品净值和其他重要信息。

固定收益类产品,除资产管理产品通行的信息披露要求外,金融机构还应当在显要位置向投资者充分披露和提示固定收益类产品的投资风险,包括但不限于产品投资债券面临的利率、汇率变化等市场风险以及债券价格波动情况,产品投资每笔非标准化债权类资产的融资客户、项目名称、剩余融资期限、到期收益分配、交易结构、风险状况等。

权益类产品,除资产管理产品通行的信息披露要求外,金融机构还应当在显要位置向投资者充分披露和提示权益类产品的投资风险,包括但不限于产品投资股票面临的风险以及股票价格波动情况等。

商品及金融衍生品类产品,除资产管理产品通行的信息披露要求外,金融机构还应当在显要位置向投资者充分披露商品及金融衍生品类产品的挂钩资产、持仓风险、控制措施以及衍生品公允价值变化等。

混合类产品信息披露,除资产管理产品通行的信息披露要求外,金融机构还应当向投资者清晰披露混合类产品的投资资产组合情况,并根据固定收益类、权益类、商品及金融衍生品类资产投资比例充分披露和提示相应的投资风险。

应当说,《关于规范金融机构资产管理业务的指导意见》就信息披露仅仅做了原则性规定,不够细化,缺乏执行性,可操作性不强。这将使得义务主体在实际履行义务时避重就轻,投资者的权益很难得到真正的保护。

3.责任体系不够完整

《商业银行个人理财业务管理暂行办法》第六十五条列举规定了商业银行若做出造成客户经济损失的特定行为,应按照法律规定或合同约定承担责任,其中的特定行为不包括对信息披露义务的违反。而《商业银行个人理财业务管理暂行办法》第六十二条规定:"商业银行开展个人理财业务有下列情形之一的,由银行业监督管理机构依据《中华人民共和国银行业监督管理法》的规定实施处罚……(四)未按规定进行风险揭示和信息披露的。"这一条用了"处罚"这两个字,也就意味着行政责任,不包括民事责任。《商业银行个人理财业务管理暂行办法》第六十五条规定:"商业银行开展个人理财业务有下列情形之一,并造成客户经济损失的,应按照有关法律规定或者合同的约定承担责任:(一)商业银行未保存有关客户评估记录和相关资料,不能证明理财计划或产品的销售是符合客户利益原则的;(二)商业银行未按客户指令进行操作,或者未保存相关证明文件的;(三)不具备理财业务人员资格的业务人员向客户提供理财顾问服务、销售理财计划或产品的。"这只规定了未按要求履行信息披露义务的行政责任,并未规定民事责任,投资者的损失不能得到有效救济。

总之,现有立法不够完善,信息披露的标准不够细化,而且立法的层级较低,造成了信息披露制度缺乏系统性,操作起来也困难重重,投资者的合法权益难以得到保障。

6.5.2 完善信息披露

1.完善立法,强化信息披露的强制性

立法机构要借鉴证券市场的信息披露制度,强化所有资产管理业务信息披露的强制性,明确信息披露是法定义务。

强制性,意味着有关市场主体在一定的条件下披露信息是一项法定义务。虽然从产品发行的角度看,发行人通过产品发行的筹资行为与投资者购买的行为之间是一种合同关系,发行人应按照招募说明书中的承诺,在公司持续性阶段中履行依法披露义务,这是投资者关系的一个方面。而更主要的方面,还在于法律规定的发行人具有及时披露重要信息的强制义务。即使在颇具合同特征的发行阶段,法律对发行人的披露义务也要作出详尽的规定,具体表现在发行人须严格按照法律规定的格式和内容编制招募说明书,在此基础上,发行人的自主权是极为有限的,它只有在提供所有法律要求披露的信息之后,才有少许自由发挥的余地。这些信息不是发行人与投资者协商的结果,而是法律在征得各方同意的基础上,从切实保护投资者权益的基础上所作的强制性规定。并且,它必须对其中的所有信息的真实性、准确性和完整性承担责任。

信息披露制度在法律上的另一个特点是权利义务的单向性,即信息披露人只承担信息披露的义务和责任,投资者只享有获得信息的权利。无论在产品发行阶段还是在交易阶段,发行人或特定条件下的其他披露主体均只承担披露义务,而不得要求对价。而无论是现实投资者或是潜在投资者均可依法要求有关披露主体提供必须披露的信息材料。

2. 强化法律责任约束,增强法律的威慑力,加大违规成本

如果违法没有成本,则不会有人遵守法律。涉及信息披露的法律法规,也要强化法律责任。

如果信息披露制度明确了法律责任,一般而言信息披露者不会披露虚假信息;如果明确了违反信息披露的民事赔偿责任,并将举证责任倒置给信息的提供者,则信息披露者不愿披露虚假信息;如果明确了违反信息披露的行政和刑事责任,则信息披露者不敢披露虚假信息。总之,完善的信息披露法律责任制度,是确保信息披露的真实性、完整性、准确性得以

实现的基础和保障。

3. 打造独特的线上理财信息披露方式

因线上理财投资者并不接触互联网金融企业员工，不能当面沟通产品信息，投资决策依赖信线上信息，以活泼、易懂的方式告知投资者，让投资者明白产品风险是关键。因此，和传统金融不同，信息披露是互联网平台保护投资者一个非常重要的手段。虽然在许多互联网金融平台上都会出现一些类似风险提示的内容，但一般都为"标准化"语言。对普通投资者来说相对晦涩难懂，可获取信息有限，很少有人真正去阅读。互联网财富管理平台要进行差异化信息披露，即针对每一个不同的产品，将其信用评级、底层资产、主要风险、还款来源、保障措施以及涉及产品复杂度的产品结构层级数量、衍生品使用、估值模型公开度、收益结果数量维度等都一一列明，并且用互联网化的语言传达给投资者。同时，信息披露还应该实行动态化管理，通过投后监控持续披露，让投资者及时了解底层资产情况。

6.6 投资者教育

投资者教育是指通过各种行之有效的途径和方式，让投资者掌握投资知识，提高风险意识，增强防范风险和承受风险的能力。

6.6.1 新资管时代投资者教育的必要性

1. 新监管环境要求加强投资者教育

自 2012 年证监会、保监会出台多项放宽资产管理规章制度以来，我国金融机构资产管理相关业务得到了显著发展,截至 2017 年末,不考虑交叉持有的因素,各行业金融机构资产管理业务总规模达百万亿元,进入"大资管"时代。

资产管理业务推动了金融创新,促进了金融一体化发展,同时金融风险也被机构间的"相互联系"和"相互依存"所掩盖。产品也多层嵌套。一直以来,"大资管"时代没有伴随法律监管的完善和统一,法制缺失导致资产管理行业存在监管空白,被大家所诟病。随着《关于规范金融机构资产管理业务的指导意见》的颁布实施,监管必将完善和统一。《关于规范金融机构资产管理业务的指导意见》也明确提出了投资者教育:"金融机构应当加强投资者教育,不断提高投资者的金融知识水平和风险意识,向投资者传递'卖者尽责、买者自负'的理念,打破刚性兑付。"总之,在资产管理行业发展及政策监管日新月异、备受关注的背景下,投资者教育也显得尤为重要。

2. 新理财模式要求加强投资者教育

2008 年的全球金融危机不仅改变了全球经济格局,也改变了中国原来的经济与金融增长模式。目前,中国经济增长速度进入平稳期,结构调整面临阵痛期,在新常态下,经济增长的首要任务是去杠杆、去过剩产能和提高投资回报率。

与此相适应,金融从过去依赖银行信贷的间接融资转向直接融资,资产管理为经济转型提供了助力。伴随利率市场化、市场"资产荒""负债荒"等情形,银行业的盈利来源也正在过去主要依赖存贷利差转变为通过资产管理收取资产管理手续费及主动投资盈利。短短的四年半的时间里,银行理财规模增长了两倍,从 2013 年的 10.24 万亿元成长到 2017 年 9 月的 29.72 万亿元,也逐步成为资产管理市场中规模最大的主体。然而银行这类表外业务却很难被视为真正的资产管理业务,一方面是参与的非标投资承载了部分表内贷款的功能,另一方面因为虽然在表外运作,却是以表内的方式在进行资金的募集和管理,并承担刚性兑付责任。

因此,伴随市场环境的变化以及资管新规的出台,笔者预计银行传统理财市场将逐渐削弱,理财业务将回归"受人之托、代人理财"的本质。根据资管新规,银行理财产品将发生重大变化,投资者面临新的挑战。由此,投资者教育的重要性凸显。银行必须通过投资者教育,培养投资者风险意识,提高投资者了解产品特性和风险属性及市场变化方向等的能力。投资者只有在拥有一定金融教育、充分了解产品风险的前提下,才能作出独立、正确的投资决定。

3. 金融科技要求加强投资者教育

金融科技是伴随着大数据、云计算、机器学习、AI 等高科技技术在金融领域的深入应用而诞生。金融科技的出现,让用户享受到平民化优质服。以互联网金融平台为例,投资者只需要通过 PC 端或 APP 端的点击就能完成投资,投资者与互联网财富管理平台的工作人员并无面对面的直接沟通交流,传统意义上通过沟通交流方式了解产品风险的功能不再存在,需要以其他方式实现。随着金融科技的发展,金融投资渠道、投资风险意识培养、组合投资理念普及等方面都有加强投资者教育的必要性。要发展金融科技,必须加强投资者教育。

4. 我国投资者的结构要求加强投资者教育

相对于成熟西方市场,我国投资市场人员分布中,中小投资者占比高。由于市场优胜劣汰的属性以及中小投资者自身的受教育程度偏低或投资经验不足、投资信息不对称等原因,在金融市场上,中小投资者尤其是年龄偏大或受教育程度较低的投资者天然就处于劣势。加强对中小投资者的教育就更为迫切。

6.6.2 投资者教育的基本原则及内容

1. 投资者教育基本原则

在我国,投资者教育并无明确的原则要求,我们可以借鉴国际证监会组织技术委员会设定的六项原则:

(1) 投资者教育应有助于监管者保护投资者;

(2) 投资者教育不应被视为是对市场参与者监管工作的替代;

(3) 投资者教育没有一个固定的模式,相反,可以有多种形式,这取决于监管者的特定目标、投资者的成熟度和可供使用的资源;

(4) 鉴于投资者的市场经验和投资行为成熟的层次不一,一个广泛适用的投资者教育计划是不现实的;

(5) 投资者教育不能也不该等同于投资咨询;

(6) 投资者教育应该是公正的、非营利的,应避免与市场参与者的任何产品或服务有明显的联系。

2. 投资者教育主要内容

在大部分国家,投资者教育都是围绕三个方面进行,相关学者总结为投资决策教育、资产配置教育、权益保护教育,笔者非常赞同。

(1) 投资决策教育。投资决策就是对投资产品和服务做出选择的行为或过程,它是整个投资者教育体系的基础。投资者的投资决策受到多种因素的影响,大致可分为两类,一是个人背景,二是社会环境。个人背景包括投资者本人的受教育程度、投资知识、年龄、社会阶层、个人资产、心理承受能力、性格、法律意识、价值取向及生活目标等。社会环境因素包括政治、经济、社会制度、伦理道德、科技发展等。投资决策教育就是要在指导投资者分析投资问题、获得必要信息、进行理性选择的同时,致力于改善投资者决策条件中的某些变量。

（2）资产配置教育。资产配置教育即指导投资者对个人资产进行科学的计划和控制。随着人们生活水平的大幅度提高，个人财富的逐步积累，投资理财无论是在国外还是在国内都越来越为人们所接受。人们对个人资产的处置有很多种方式，进行证券投资只是投资者个人资产配置中的一个方法或环节，投资者的个人财务计划会对其投资决策和策略产生重大影响。因此，许多投资者教育专家都认为投资者教育的范围应超越投资者具体的投资行为，深入整个个人资产配置中，只有这样才能从根本上解决投资者的困惑。

（3）权益保护教育。权益保护教育即号召投资者为改变其投资决策的社会和市场环境进行主动参与与保护自身权益。这不仅是市场化的要求，也是公平原则在投资者教育领域中的体现。投资者权益保护是营造一个公正的政治、经济、法律环境，在此环境下，每个投资者在受到欺诈或不公平待遇时都能得到充分的法律救助。此外，投资者的声音能够上达立法者和相关的管理部门，参与立法、执法和司法过程，创造一个真正对投资者友善、公平的投资市场制度体系。为此，针对投资者进行的风险教育、风险提示以及为投资者维权提供的有关服务，已经成为各国开展投资者教育的重要内容。

6.6.3　完善投资者教育

1. 以画像结果进行投资者教育

利用大数据、机器学习、云计算和 AI 等技术，综合考量投资者基本信息、资产信息、投资行为、消费行为、投资规划、投资经验、风险认知水平、风险敏感度等因素，实现对投资者精准画像，并在画像后对客户进行进一步细致分类和总结，归纳出针对不同种类投资者相应的教育方案，增强投资者教育的针对性,从而提高投资者教育的效果。

2. 创新投资者教育方式

要改变简单的、不友好的教育方式。在整个投资理财过程中实现投资者教育。通过采用模拟投资比赛、学习型游戏等多种模式,帮助投资者提升投资经验和风险认知水平,在服务投资者的同时达到投资者教育的目的。

(1)披露信息,实现投资者教育。金融机构应当进行全面信息披露,尤其是将产品风险等级、底层资产、主要风险、还款来源、保障措施等一一展现给投资者。投资者通过阅读相关信息,可以逐步理解风险;同时,在理解风险的基础上选择适合自身风险承受能力的产品,避免一味追求高收益而忽视潜在的高风险。而且,充分的信息披露,可以正确引导投资者进行理性的投资,以及辨识舆论的能力。

(2)提示风险,实现投资者教育。在对投资者进行风险承受能力等级区分后,需要明确各等级风险承受能力投资者可投资的产品范围,并通过平台适配系统自动实现。一般而言,风险承受能力高的投资者可以投资相对高风险的产品,风险承受能力低的投资者只能投资相对低风险的产品。对于高于投资者风险承受能力但适配规则允许投资者投资的产品,适配系统应提示投资者风险超配,给予其选择权是否继续购买,如继续购买,必须明确愿意承担风险。最终通过提示风险和确认风险,达到投资者教育之目的。

(3)限制投资,实现投资者教育。对于高于投资者风险承受能力达到一定程度的产品,可以通过适配系统阻止投资者继续投资。限制投资,也是一种投资者教育手段,目的之一就是教育投资者,并不是每个投资者都能投资任何产品,投资者应当投资与其风险承受能力相适应的产品。只有这样,才能在相关高风险产品出险时,投资者能淡然承受相应损失,真正实现"买者自负"。

参考文献

［1］亨利·梅因:《古代法》,商务印书馆 1984 年版。

［2］路易斯·罗思、乔尔·赛里格曼:《美国证券监管法基础》,法律出版社 2008 年版。

［3］郭雳:《美国证券私募发行法律制度研究》,北京大学出版社 2004 年版。

［4］蔺捷:《欧盟金融工具市场指令研究》,法律出版社 2012 年版。

［5］中国证券监督管理委员会组织编译:《日本金融商品交易法及金融商品销售等相关法律》,法律出版社 2015 年版。

［6］中国证券业协会编:《创新与发展——中国证券业 2012 年论文集》,中国财政经济出版社 2013 年版。

［7］章辉:《资本市场投资者适当性制度研究》,法律出版社 2016 年版。

［8］中国人民银行金融稳定分析小组:《中国金融稳定报告—2014》,中国金融出版社 2014 年版。

［9］中国人民银行金融稳定分析小组:《中国金融稳定报告—2017》,中国金融出版社 2017 年版。

［10］徐杰、赵景文主编:《合同法教程》,法律出版社 2000 年版。

［11］王利明:《合同法新论·总则》,中国政法大学出版社 2000 年版。

［12］杨东:《金融消费者保护统合法论》,法律出版社 2013 年版。

［13］张付标:《证券投资者适当性制度研究》,对外经贸大学博士学位论

文,2014 年。

[14] 韩祥波:《金融产品销售的适当性法律问题研究》中国政法大学博士学位论文,2011 年。

[15] 沈继宇:《论"买者自负"原则——以证券交易为考量对象》长春工业大学硕士学位论文,2014 年。

[16] 张付标、刘鹏:《投资者适当性的法律定位及其比较法分析》,《证券市场导报》2014 年第 5 期。

[17] 武俊桥:《证券市场投资者适当性原则初探》,《证券法苑》2010 年第三卷。

[18] 中国证监会上海监管局:《合格投资者制度比较研究》,2010 年 1 月。

[19] 何颖:《金融交易的适合性原则研究》,《证券市场导报》2012 年第 2 期。

[20] 校坚等:《境外投资者适当性制度比较与案例分析》,《证券市场导报》2010 年第 9 期。

[21] 袁熙:《欧盟投资者适当性制度报告》,载中国证券业协会编《创新与发展:中国证券业 2012 年论文集》,中国财政经济出版社 2013 年版。

[22] 袁熙、王伟:《新加坡资本市场的投资者适当性制度》,载中国证券业协会编《创新与发展:中国证券业 2012 年论文集》,中国财政经济出版社 2013 年版。

[23] 王伟:《日本资本市场的投资者适当性制度》,载中国证券业协会编《创新与发展:中国证券业 2012 年论文集》,中国财政经济出版社 2013 年版。

[24] 袁熙:《美国的客户适当性自律管理制度》,载中国证券业协会编《创新与发展:中国证券业 2012 年论文集》,中国财政经济出版社 2013

年版。

[25] 袁熙:《德国投资者适当性管理制度及其启示》,载中国证券业协会编《创新与发展:中国证券业 2012 年论文集》,中国财政经济出版社2013 年版。

[26] 赵晓钧:《中国资本市场投资者适当性规则的完善——兼论〈证券法〉中投资者适当性规则的构建》,《证券市场导报》2012 年第 2 期。

[27] 彭晓洁、李梦蝶:《国外证券投资者适当性制度及其对我国的启示》,《贵州社会科学》2015 年第 11 期。

[28] 范军:《论先合同义务与相关合同义务之关系》,《复旦学报》(社会科学版)2006 年第 1 期。

[29] 罗培新:《美国金融监管的法律与政策困局之反思——兼及对我国金融监管之启示》,《中国法学》2009 年第 3 期。

[30] 朱民:《主导金融科技的是金融还是科技?》,《北京日报》2017 年 10月 10 日。

[31] 翟艳:《证券市场投资者分类制度研究》,《湖南社会科学》2013 年第5 期。

[32] 刘纪鹏、刘作琼:《投资者保护是实现市场效率的前提》,和讯网 2014年 10 月 21 日。

[33] 凌文君:《金融机构适当性义务下的适当性认定标准》,《沿海企业与科技》2013 年第 5 期。

[34] 姚蔚薇:《金融机构违反投资者适当性义务的民事责任》,《君合法评》2016 年 12 月。

图书在版编目(CIP)数据

资管新时代:投资者适当性理论与实践/杨峻著.
—上海:格致出版社:上海人民出版社,2018.6
ISBN 978 - 7 - 5432 - 2881 - 8

Ⅰ.①资… Ⅱ.①杨… Ⅲ.①资产管理-研究 Ⅳ.
①F830.593

中国版本图书馆 CIP 数据核字(2018)第 122263 号

责任编辑 忻雁翔
封面设计 路 静

资管新时代
——投资者适当性理论与实践
杨 峻 著

出 版 格致出版社
        上海人民出版社
        (200001 上海福建中路 193 号)
发 行 上海人民出版社发行中心
印 刷 苏州望电印刷有限公司
开 本 720×1000 1/16
印 张 16.5
插 页 2
字 数 200,000
版 次 2018 年 7 月第 1 版
印 次 2018 年 7 月第 1 次印刷
ISBN 978 - 7 - 5432 - 2881 - 8/F · 1119
定 价 68.00 元